教育格差の経済学

何が子どもの将来を決めるのか

橘木俊詔 Tachibanaki Toshiaki

NHK出版新書
631

はじめに

日本が格差社会に入ったとの認識には、多くの合意がある。

格差には、所得や資産という「結果の格差」と、教育、就職、昇進などの「機会の格差（あるいは不平等）」の2種類がある。結果の格差を容認するかどうかは、人々の価値判断に依存するし、頑張って業績を上げた人に大いに報いるというのは一理ある。しかし、機会の格差・不平等に関して、多くの人はそれを好ましくないと考えてきた。

例えば、所得分配の大きな格差を気にしないアメリカ人であっても、少なくとも教育の機会平等は確保すべきと考えており、アメリカでは奨学金制度は日本よりも充実している。日本においても、教育の機会平等は大切な概念として捉えられてきた。

最もわかりやすい教育の機会平等は、「家庭の経済状況（裕福かそうでないか）によって、子どもの教育がどこまで受けられるか」に関して、影響があってはならないという形で示される。

拙著『日本の教育格差』（2010）では、日本人は理想として教育の機会平等を標榜してきたが、実態は家庭の経済状況が子どもの教育達成に影響を与えつつあると示した。それを端的にまとめると、親が経済的に豊かであれば、子どもが高い教育を受ける時代になりつつある、ということであった。

本書の目的は、それが今ではどうなっているかを確認することと、教育に関するさまざまな影響力（例えば、親の能力と教育と職業が子どもの生まれながらの能力に与える効果（例えば遺伝）や、親（父親と母親）の子育ての方針と効果の実態、幼児教育の役割、塾や習い事の効果、公立校と私立校の違いなど）を具体的に検証することにある。

日本で教育を語るときには、二つの視点がある。一つは、学校教育をどの段階で終えるか（つまり中学校卒、高校卒、大学卒、大学院修了など）という視点、もう一つは、名門校・有名校に通ったかどうか、という視点である。

以上に加えて、本書が格別の関心を払うのは次の3点である。第一に、これまで日本人は教育の機会平等を大切な概念と考えてきたが、最近になってその考えを変更しつつあるということである。つまり、親が経済的に豊かであれば、子どもが高い教育を受けるのは当然であり、やむをえないと多くの人が考えるようになった。なぜこのようになったかを、種々の視点から考察する。

第二は、教育と言っても、本書ではとりわけ幼児教育、小学校教育という、かなり年齢が若い子どもの教育を主に扱うということである。欧米においては、幼児教育にはその人の一生を決めかねないほどの影響力があるとの認識が高まっている。そうした中、日本ではどのように考えればよいかをさまざまな角度から議論する。

ここでの主たる関心は、学力は当然として、「非認知能力」（指導力、計画性、向上心、頑張る精神、協調性など、性格や精神の有り様や意欲に関する能力）の役割と、学習塾や習い事の効果である。あまりにも教育を家庭に押し付けすぎると弊害が大きくなるため、公共部門がもっと前面に出てきて、公共教育支出を増額する必要のあることを主張する。

第三は、日本の学歴社会が変化の過程にあると捉えた上で、日本の教育の在り方を私見を含めて検討することである。そのために家庭の役割のみならず、国家の教育政策までを検討の対象としている。いわば学校教育全体の望ましい在り方についても検討するということである。

日本は学歴社会と言われ、名門校・有名校を卒業すれば有利な人生を送れると信じられてきた。それだからこそ、受験競争には厳しいものがあった。それが変化の過程にあることを本書では示したい。具体的には、企業での昇進に際して学歴の意味は低くなりつつあるが、医学部が学歴社会の新たな象徴になりつつあるという事実である。

教育格差は拡大の方向にある。さらに、この度の新型コロナウイルス危機によって、オンライン教育を十分な環境で受けることができるかどうかという、新しい格差の出現も指摘されるようになった。これに関しては、議論が始まったばかりということもあり、詳細には分析できなかったが、元をたどれば親の経済状況によって発生した教育上の格差なので、本書全体の関心の中で評価できる課題である。

本書の出版は、ＮＨＫ出版の山北健司氏の勧めで可能となった。拙稿に対して何度も要改訂のコメントを寄せられ、それに応じた成果がこれである。この本に読むべき内容があるとすれば、それは一重に山北氏の貢献である。氏に感謝したい。しかし、残っているかもしれない誤謬《ごびゅう》と、その他の意見に関しては、すべて筆者の責任に帰するものである。

2020年6月5日

橘木俊詔

教育格差の経済学——何が子どもの将来を決めるのか　目次

第1章　子どもの格差を容認する親たち

「結果の格差」と「機会の格差」

日本が格差社会の時代になったことは、国民の間で広く共有されるようになった。こうした格差社会を語るとき、私たちはまず所得や資産の分布における格差、つまり人々が経済活動を行った末に生じる貧富の差を思い浮かべる。いわゆる「結果の格差」である。

結果の格差に関しては、あってもよいとする人と、あってはならないとする人によって評価が異なり、ここには価値判断の問題がある。どちらの評価が正しいかは、本人の生き方や思想に依存しており、なかなか決定できるものではない。例えば、資本主義（あるいは市場主義）がよいのか、あるいは社会主義がよいのか、といった判断と同じであり、最終的には民主主義の下では多数決で決められるべきかもしれない。

一方で、「機会の格差」というものがある。こちらに関しては、結果の格差よりも人々の間に合意のある確率は高い。少なくとも経済活動という「競争」に入るまでは、全員に平等な競争参加の機会が与えられるべきという発想は、多くの人が共有しているものであり、男女差はあってはならないとか、親の職業による子どもへの影響はあってはならない、と考えている。これを「機会の平等」という。

結果の格差と機会の平等の関係は入り組んでおり、仮に全員の初期条件が同一で、ヨーイドンのスタート地点に立つことができる社会（機会の平等が実現している社会）であれば、結果の格差は本人の努力にも依存するので問題なし、という意見もある。

ただし問題は、社会に本当に機会の平等が存在しているか、である。本書で扱う「教育」に限っても、貧乏人／お金持ちの子どもに平等な機会が与えられているかと問われれば、疑問を持つ人は多いのではないか。

子どもの貧困と教育

そもそも筆者が教育に関する格差の実態や要因、それがもたらす問題について『日本の教育格差』を上梓《じょうし》したのは、今から10年前の２０１０年である。そこでは結果の格差と機会の格差という二つの観点からさまざまな分析を行った。

本書は、そこで詳《つまび》らかにした状況を現代版にアップデートするとともに、新しい知見を付け加えたものだと言っていい。なかでも筆者がこの10年間で特に注目すべきであると考えるのは、広がり続ける格差である。日本では大金持ちが増加する一方で、以前にもまして貧困者の数も目立つようになった。

本書でいう貧困は、一世帯あたりの可処分所得（あるいは手取りの所得）を家族人数で調整した値を一番高い人から一番低い人まで順序で並べ、その真ん中の順位の人（メディアン：中位）の所得（中位所得）を基準としている。そして、貧困者とは所得が中位所得の人の50パーセントに満たない人であり、貧困者が社会全体のなかで何パーセントいるかという数値が貧困率である（学問的な言い方では、これを「相対的貧困率」という。この定義は国際的に採用されているものであり、それによって他の国の所得分配の現状を比較することが可能になる）。

貧困率の測定には、所得に関する統計データが必要となる。日本の貧困率を、統計の中で筆者が最も信頼度が高いと判断している厚生労働省「国民生活基礎調査」に依拠して検証すると、15・7パーセントに達する（平成28年調査による２０１５年の貧困率）。これは主要先進国の中でアメリカに次いで第2位の貧困率の高さである。10年前の状況から変わっておらず、本来ならば改善されなければならないものが変化なしということは、むしろ悪くなっているとの解釈も可能である。

教育に関して直接問題となるのは、全体の貧困率よりも「子どもの貧困率」であろう。

表1–1　世界における子どもの貧困率

順位	国名	割合
1	デンマーク	3.7
2	フィンランド	3.9
3	ノルウェー	5.1
4	アイスランド	7.1
5	オーストリア	8.2
5	スウェーデン	8.2
7	チェコ	9.0
8	ドイツ	9.1
9	スロベニア	9.4
9	ハンガリー	9.4
9	韓国	9.4
12	イギリス	9.8
12	スイス	9.8
14	オランダ	9.9
15	アイルランド	10.2
16	フランス	11.0
17	ルクセンブルク	11.4
18	スロヴァキア	12.1
19	エストニア	12.4
20	ベルギー	12.8
21	ニュージーランド	13.3
22	ポーランド	13.6
23	カナダ	14.0
24	オーストラリア	15.1
25	日本	15.7
26	ポルトガル	16.2
27	ギリシャ	17.7
28	イタリア	17.8
29	スペイン	20.5
30	アメリカ	21.2
31	チリ	23.9
32	メキシコ	24.5
33	トルコ	27.5
34	イスラエル	28.5
	OECD 平均	13.3

出所：OECD（2015）

表1－1では国際比較によって、日本の子どもの貧困率がどれほどであるかを示した。子どもは自分自身で所得を稼がないので、ここでは親の所得を世帯人数で調整し、子どもに割り当てたものを「子どもの所得」と見なしている。

表を見ると、日本の子どもの貧困率は16パーセント近くに達している（OECD加盟国の平均は13パーセント台で、G7〔日米英仏伊独加〕の平均は14パーセント台）。注意しなければならないのは、貧困率の非常に高いイスラエル、トルコ、メキシコ、チリといった国々は準先進国であり、日本やアメリカ、ヨーロッパといった先進国ではないことである。先進国だけに注目すれば、日本は6番目に高い。

子どもの貧困率が高い理由

日本の子どもの貧困率がなぜ高いのか。子どもの所得がすなわち親の所得であることを考えると、この疑問は「子どもの親世代である25歳あたりから50歳あたりの年齢の人たちの貧困率がなぜ高いのか」に等しい。

じつを言うと、この年代の人たちの貧困率は、若年層や高齢層と比較して高いわけではない。たとえ不況期であっても、子どもの親世代である中年層に職がない人は少ないが、若年層や高齢層には多いからである。

こうした中年層に特有の問題については、橘木（2020）に詳しいが、日本の子どもの貧困率が高いのは、先に見たように他国と比較したときにも際立っている。2015年の数字だと、子どもの貧困率は13・9パーセントであった。3年前の2012年が16・3パーセントという異様に高い貧困率だったので、少しは改善したものの一人親家庭における子どもの貧困率は、50・8パーセントの高さなので、深刻さは残っている。関連する話題をいくつか列挙しておこう。

最も深刻なのは、母子家庭の問題である。日本における離婚率の上昇はよく知られた事実であるが、離婚した女性の多くは失業者となるか、たとえ職があったとしても低所得に甘んじるケースが多い。

これには離婚した女性の80パーセントが親権者となるため、母子家庭の数が非常に多くなることも関係している。子どもが幼ければ、家に長くいる必要があり、残業などに時間をまわせないので、母親はエクストラの収入を稼ぐことができない。保育園の支払いも結構な負担である。なお離婚と女性の貧困の関係は、橘木・迫田（２０２０）に詳しく書いたので参照されたい。

第二は、正規社員と非正規社員の問題である。日本では正規社員と非正規社員という立場の差が、賃金をはじめ、あらゆる労働条件（ボーナスの支給、社会保険制度への加入、昇進など）の差につながっており、格差社会の象徴になっていることは皆の知るところである。夫婦の年齢が若ければ、不幸にして夫ないし妻、あるいは夫婦ともにパートなどの非正規社員という場合がかなりあり、片働きか共働きかを問わずに、低所得の若者夫婦がいる。これに関しては橘木・迫田（２０１３）に詳しく書いた。

また先に述べた母子家庭の場合、もし離婚した女性がもともと専業主婦であったなら、離婚後に職を求めても技能が未熟なことから、賃金の高い職はほとんど見つかってもパートなどの非正規職になってしまうことが多い。母子家庭のおよそ半数が貧困者となっている原因の一つである。

世帯によって所得格差が生じる理由は、他にもさまざまある。例えば、日本では地域間の所得格差がかなり大きい。最も所得の高い東京に住む人と、最も所得の低い沖縄に住む人とでは、平均で約2倍の所得格差があるし、東京や大阪の大都市では一部の地域に貧困者が集中的に住んでいる（日本の地域間格差については、橘木・浦川〔2012〕などを参照）。

あるいは、そもそも親が健康を害して働けなくなれば、たちまち子どもは貧困となる。生活保護制度があるため、なんとか生活はできるかもしれないが、苦しいことに変わりはない。他の目立つ理由としては、小規模事業者が経営に失敗して夜逃げに追い込まれ、子どもが不幸を蒙《こうむ》るケースもある。しかも夜逃げすると住居が不安定になるので、生活保護の適用が簡単でなくなる。

親の勤める企業が倒産することもあるだろうが、この場合は失業保険制度（日本では「雇用保険制度」と称される）によって、しばらくの期間は収入を得られるので、その間に再就

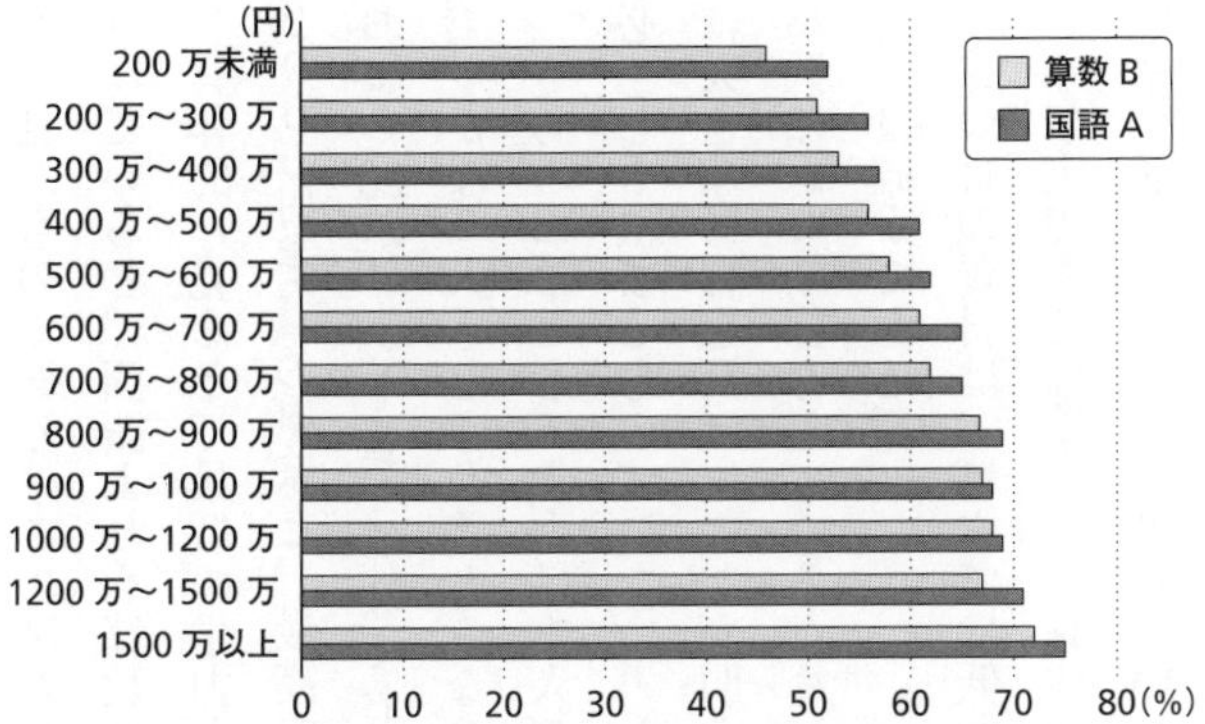

図1–1　保護者の年収と小学校6年生の正答率

出所：国立大学法人お茶の水女子大学『平成25年度 全国学力・学習状況調査（きめ細かい調査）の結果を活用した学力に影響を与える要因分析に関する調査研究』2014年3月28日より作成

職できれば直《ただ》ちに貧困に陥ることはない。

貧困が子どもの教育に与える悪影響

子どもの貧困率の高いことがわかり、日本の子どもにおいて経済的格差が深刻になっている事実と、その主な理由を示したところで、次の関心はこれによって子どもの教育にどれだけ影響があるかという点に移る。貧困が子どもの教育達成に与える影響の程度を詳しく知るには、次の二つの資料がふさわしい。

一つ目の図1-1は、平成25年度の文部科学省の実施した全国学力テストの結果を、親の年収別に小学校6年生の国語と算数の正答率で見たものである。この図から明らかなように、親の年収が高い子どもほど高い学力を持っているし、国語よりも算数にその効果がやや強い。

具体的に見ると、最低の学力と最高の学力を持っているのは、親の年収が最低（すなわち200万円未満）の児童と、最高（すなわち1500万円以上）の児童であり、その差は国語でおよそ20ポイント強、算数でおよそ25ポイントになる。これは100点満点での差なので、かなり大きな学力差とみなせる。

もちろん子どもの学力は本人の能力や努力にかなり依存しているので、親の年収だけで必ずしも決まるものではない。しかし後の章で示すように、塾に通うかどうかが学力決定に大きな影響を及ぼすことが明らかになっている。塾に通うかどうかは、親の家計所得の高低にかなり依存しているため、その点だけに限ってみても親の年収が大きな影響をもつことは確かである。

二つ目の資料は、日本では低所得者層の子弟で大学進学率が低く、高所得者層で高いという事実である（図1-2）。具体的には、親の年収が200万円以下であれば4年制大学進学率は30パーセントに満たないし、400万~600万円でも40パーセント台である。一

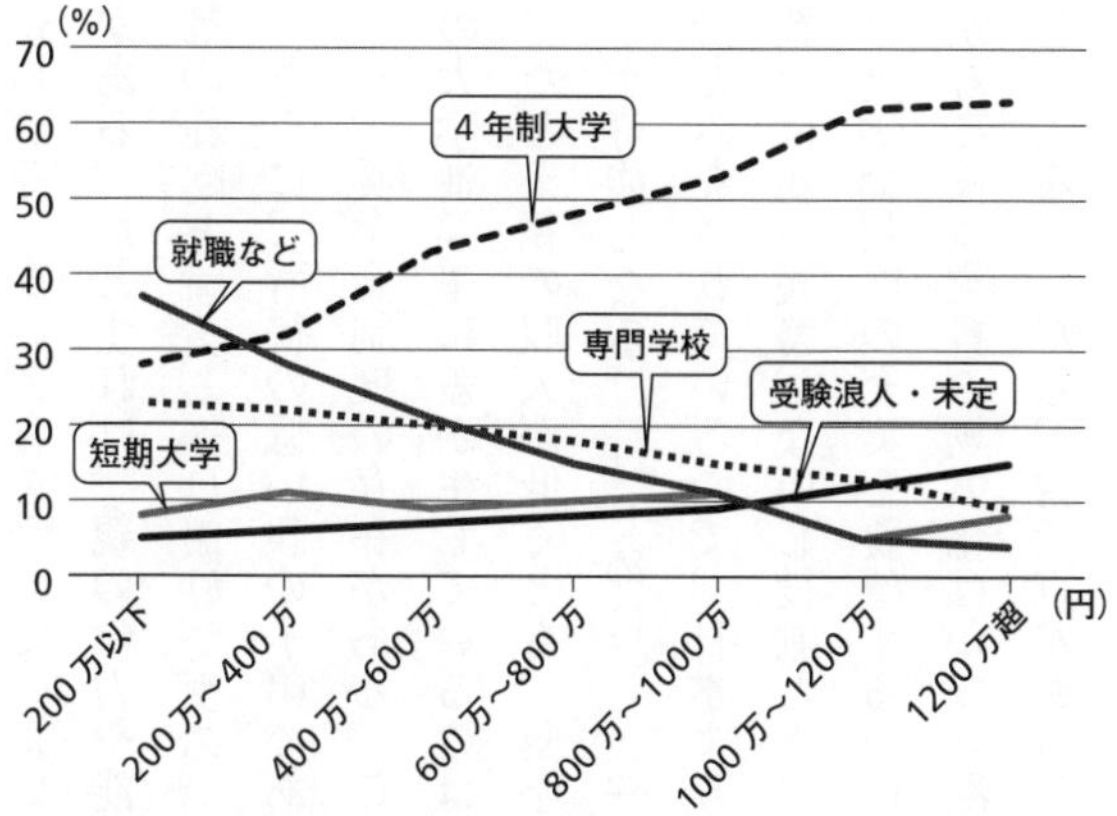

図1–2　両親の年収別で見た高校卒業後の進路
出所：東京大学大学院教育学研究科大学経営・政策研究センター「高校生の進路と親の年収の関連について」2009年

方で、親の年収が1000万円を超えると4年制大学進学率は60パーセントを超える。4年制大学進学率が親の年収によって最大で2倍以上違うのだから、教育における機会の平等という理念に反する恐れが高く、批判の対象になりうる。

ただし、ここでも付帯条件は必要である。所得の高い親の子弟は、学力あるいは能力が高く、かつ勉強意欲の強い可能性がある。どういうことかというと、そもそも親の所得の高さは、子どもの学力や能力が高いことの代理変数かもしれない、ということである。

つまり、その親は学力や能力が高かった

からこそ、高い教育を受けて、よい職に就き、それによって所得も高くなっている可能性がある。だとすれば、親の学力や能力が子どもに遺伝したと考えることもでき、機会の平等の範疇《はんちゅう》と言えるかは微妙である。遺伝については重要なので次章で詳しく考えたい。

さらに、所得の低い親の子弟であっても、望めば大学進学を希望して実際に進学できるよう、奨学金制度の存在がある。これらの条件は大切であるが、親の所得によって子どもの大学進学率に差が生じているのは確かである。

たとえ親の収入が低くとも、奨学金制度が充実していれば、貧困家庭の子弟でも大学進学が可能となる。「はじめに」で述べたように、アメリカでは教育の機会平等は重要な概念とみなされているので、日本より奨学金制度が充実している。だが日本では、子どもの教育は親の義務、ないし役割と考えられてきたので、奨学金制度が遅れている。

奨学金制度の充実を要望する声は日本でも大きくなりつつあるので、希望は持てる。しかも高校授業料の無償化はかなり浸透し、大学の無償化の声もあるので、いい方向にあると言える。ただし、留意点があることも付言しておこう。

第一に、子どもが高校や大学に進学しない一つの理由として、早く就職して生活費を稼ぐことによって、貧乏な親を経済的に助けたい、という希望のある人がいることが挙げられる。

第二に、奨学金の財源を税収に頼るのであれば、それは高卒で働き始めた人々からの税金にも頼ることになる点である。その中には何らかの理由で大学進学を諦めた人もいるであろうと考えると、彼らの税金を使って大学進学者を支援するのが公平かどうか、というとても複雑な問題があることがわかる。

論者によっては、この問題を重視して、税収を奨学金の財源にすることを否定する人もいる。なかなか妙案は浮かばないが、奨学金制度というものは意外に単純ではないのである。

SESとHOME

親と子どもの学力・能力に話を戻そう。親の教育、職業、所得が子どもにどのような影響を及ぼすかを見る上で参考になる二つの指標がある。

一つは「ＳＥＳ」(Socio-Economic Status、社会経済的地位)と呼ばれるもので、親がどれほどの教育を受け、職業はどのようなものか、そして所得はどれほどか、といったことを示す指標である。これは親の地位を上流、中流、下流といった社会階級で理解する際に用いられる。

もう一つよく用いられる指標に、「ＨＯＭＥ」（環境測定のための家庭観察）が開発されている。これは、例えば学校外での学習経験（博物館や図書館に行くなどの経験）・文章経験（親が子どもに本を読んで聞かせる、親が新聞・雑誌の購読をしているなど）や、親が子どもに与える懲罰やしつけ（厳しいか温かいかの区別はある）といった、家庭内での子どもの育てられ方に注目したものである。

ＨＯＭＥは主として欧米で用いられているが、これに関連するものとして、日本では塾・家庭教師といった学校外教育、さらにピアノや野球・水泳といった習い事がポピュラーである。これらがどのような影響を持っているかは、第4章で見てみたい。

ＳＥＳは親の客観的な社会経済上の地位、ＨＯＭＥは家庭内あるいは学校外で子どもを具体的にどう育てるかに関する指標なので、両者の意味するところは異なっている。前者は主として経済学、教育学、社会学からの関心に基づいて作成されており、後者は主として心理学、教育学、生物学からの関心に基づいて作成されている。

このうち、両親のSESが子どもに与える影響を分析した研究は山ほどある。諸外国で行われた研究の多くは、かなりの影響があると結論している。

例えばニスベット(2010)は、養子に出された子どものIQ(知能指数)を調べて、次のような結果を得た。SESの低い家庭(すなわち下流階級)で生まれた子どもが養子に出されて、SESが中位か高位(中・上流階級)の家庭で育てられたとき、下流階級でそのまま育てられたときよりもIQが18ポイント高くなった。

日本でも同様に、親の教育水準が高ければ子どものそれは高く、親の職業が高度であれば子どもも将来そういう仕事に就きやすく、所得に関しても同じように高くなる傾向があるという。

こうした親子間におけるSESの継承が遺伝によるのか、あるいは家庭環境といった他の要因によるのかは論争の的になっているので、次の項目から議論していこう。

文化資本の効果とは

親の階層が子どもに与える効果に関しては、社会学の研究にも有名なものがある。

その大本にあるのは、フランスの社会学者・哲学者であるピエール・ブルデュー（1930〜2002）によるアイデアである。彼は、親子間で教育・職業が継承される事実を考察し、その効果を「文化資本」と名付けた。

親が新聞や書籍をよく読んでいるとか、子どもを美術館や博物館などによく連れていくとかいった形で、子どもに知的好奇心を持たせる雰囲気が家庭にあると、よく勉強に励んで上級学校に進学する可能性が高まる、という事実がフランス社会において発見されたのである（ブルデュー＆パスロン〔1991〕参照のこと）。

日本においてもフランス流の文化資本が子どもの教育達成に効果があるかどうかの研究例はある。例えば片岡（2001）、片瀬（2004）、橘木・八木（2009）などである。しかし日本においてはこの文化資本の効果はさほど大きくない、というのが一般的な理解である。むしろ強調されるべきことは、日本の特色が、父親の文化資本が息子の教育達成に影響があり、母親のそれが娘の教育に効果があるという、父・息子と母・娘の対比関係にあることである。

ここで橘木・八木（2009）で分析された文化資本の効果を図1-3で示しておこう。これらは父親、母親が本を読んでくれた例を、息子と娘に区分して、息子・娘がどの程度の偏差値の大学に卒業したかを示したものである。

まず男性(息子)に関しては、第一にすべての学歴において、「よくあった」と回答している比率は、母親よりも父親のほうが高いという事実がある。第二に、「よくあった」と「たまにあった」の比率の和が、父親の場合は傾向として学歴に比例して増大しているが、母親の場合には、高卒または中卒と大卒の間に差はあるものの、卒業した大学内での偏差値に関してはほとんど差がない。

女性(娘)に関しては、父親効果と母親効果の違いについては次のようなことがわかる。第一に、高偏差値(偏差値60以上)の大卒女性は、父親と母親の差はほとんどない。それ以外の大卒者および高卒者においては、母親よりも父親によく本を読んでもらっている効果がわかる。第二に、父親および母親ともに、高卒または中卒と大卒との差はあるが、大学内での差はほとんどない。

これらをまとめれば次のようになろうか。父親効果と母親効果の違いが顕著に出現するのは男性の場合であり、父親が本を読んでくれた頻度と大学間格差まで含めた学歴との間

子どもの頃、母親が本を読んでくれた（男性）

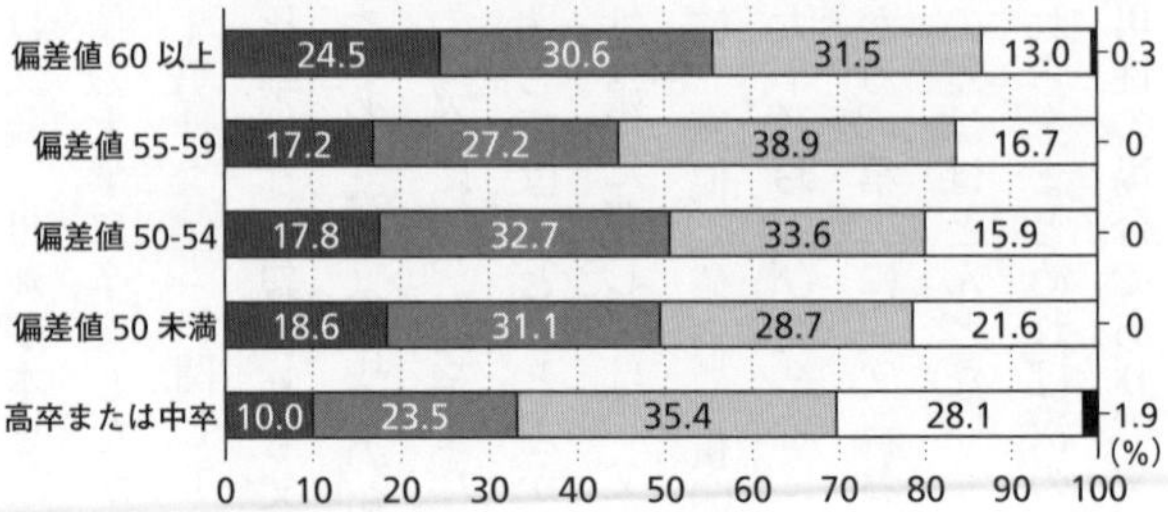

子どもの頃、父親が本を読んでくれた（男性）

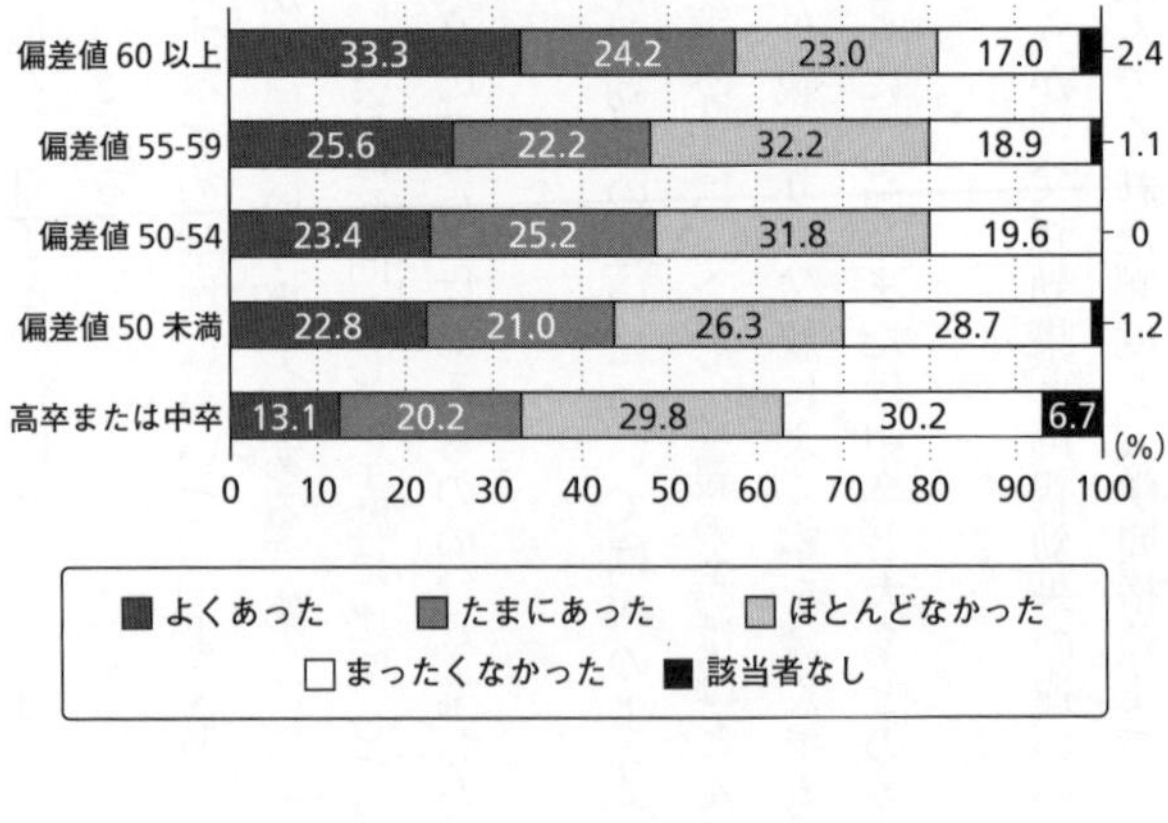

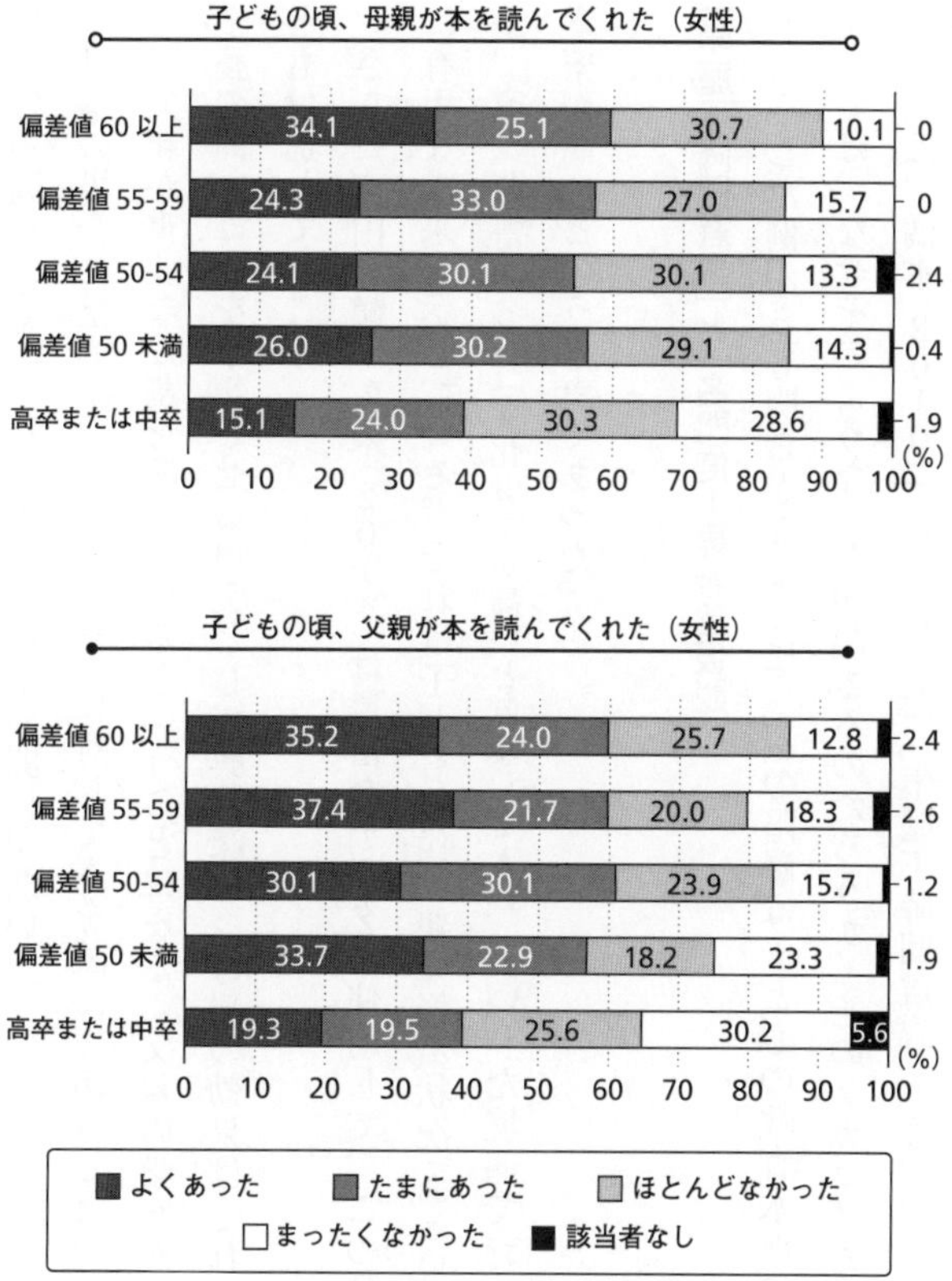

図 1–3　読書に関する文化資本の効果　出所：橘木・八木（2009）

に正の相関があるが、女性の場合はその関係が弱い。
日本の場合には、子ども（特に息子）に対して本を読んであげるといった文化資本に関して、父親が重要な役割を演じているということになる。父親の学歴が高いことが、息子の学歴の高いことを予想させる事実として興味深い。母親の効果はそれほどない、ということも付加しておこう。

さらに戸田・鶴・久米（２０１４）は豊富なデータを使用して、この分野に関して包括的に有用な成果を示している。それは子ども時代に親の経済状況（あるいは生活水準）が良いとか、家に蔵書が多い（文化資本が高いとみなしてよい）といった境遇で育った子弟は、大学進学率が高いという事実であった。

「学歴下降回避説」と「名門度上昇希望仮説」

こうした例からも明らかなように、親の階層は子どもの教育水準に大きな影響を及ぼす。では、なぜそのようなことが起きるのだろうか。そのメカニズムを説明する一つの有力な説は、橘木（２０１０）でも紹介した「学歴下降回避説」である。

これは欧米において「RRA仮説」(相対リスク回避説)と呼ばれるもので、吉川徹が日本に即して学歴下降回避説として提唱した。簡単に言えば、子どもの教育水準を決定する際に親の教育水準より下になることだけは避けたいという動機が、親子ともに強く作用するというものである。

一方、筆者がそのときに提案したのは「名門度上昇希望仮説」であった。先の学歴下降回避説が学歴水準の差に着目したものだったのに対して、これは学校の名門度にも注目したものである(そのため、学歴下降回避説と名門度上昇希望仮説は両立しうる)。

一般論として、どのような親であっても自分が名門校を出ていないために、何らかの不利益を受けた経験があったと思えば、自分の子どもにはそうした思いをさせたくないと考えたり、できるだけ名門の学校に行かせたいと考えたりするのが普通であろう。子どもに高い教育を受けさせるのに、十分な経済力があればなおさらである。自分の子どもを名門校に入れるべく、教育に熱心になる。これが名門度上昇希望仮説である。

ただし、唯一の例外的な時代があって、高度成長期は親の階層が子どものそれを決める確率は高くなかった。すなわち、子どもの教育水準は親の教育水準より高くなったし、職業も親のそれを必ずしも継承していなかった。

これには高度成長期で家計所得が増加したため、子どもを短大・大学に進学させることが可能になったことが大きい。地方で農業をやっていた親の子どもが大都会の工場やオフィスで働くようになるなどしたため、専門的に言えば、社会移動の激しい時代となったのである。

親は子どもに何を期待しているか

ここまで親の経済条件の差によって、子どもの学力や能力、大学進学率に格差が生じている事実をいくつか簡単に示したが、どの親も本質的には自分の子どもによく育ってほしいと願っている。だが、その「よく」の中味は、それこそ親によって、時代によって千差万別である。

偉い人・有名な人になってほしいと望む親がいれば、お金持ちになってほしいと期待する親もいる。学歴や地位、資産などといった目につく成功よりも、元気につつがなく暮らせて、人に迷惑を掛けない人になってくれれば十分という親もいるだろう。あるいは何も望まない親もいるかもしれない。ごく少数ではあるが、児童虐待や子育て放棄といった悲しい事件が世間を騒がすことがあるので、存在しないとは言い切れない。

　実態を国際比較によって、確認してみよう。図1-4は子どもが15歳のときに親が強く期待することは何か、を示したものである。この図はいくつかの興味深い、しかも意外な事実を示している。

　第一に、日本において「学校でよい成績をとる」が11・9パーセントと非常に低いことである。ここから、親が子どもの成績にほとんど期待をしておらず、したがって名門校に進学して高い学歴を得てほしいとも思っていない、という予想がでてくる。

　この予想が正しいことを証明する図を示しておこう。それは図1-5である。これは「子どもの将来に対して強く期待すること」は何かという質問への回答をまとめたものである。なんと日本人の親は、「高い収入を得る」「高い地位につく」「有名になる」がほとんどゼロに等しい。高い学歴を得てほしいとか、偉くなってほしいとか、そういった期待感を日本人の親はほとんど持っていないのである。

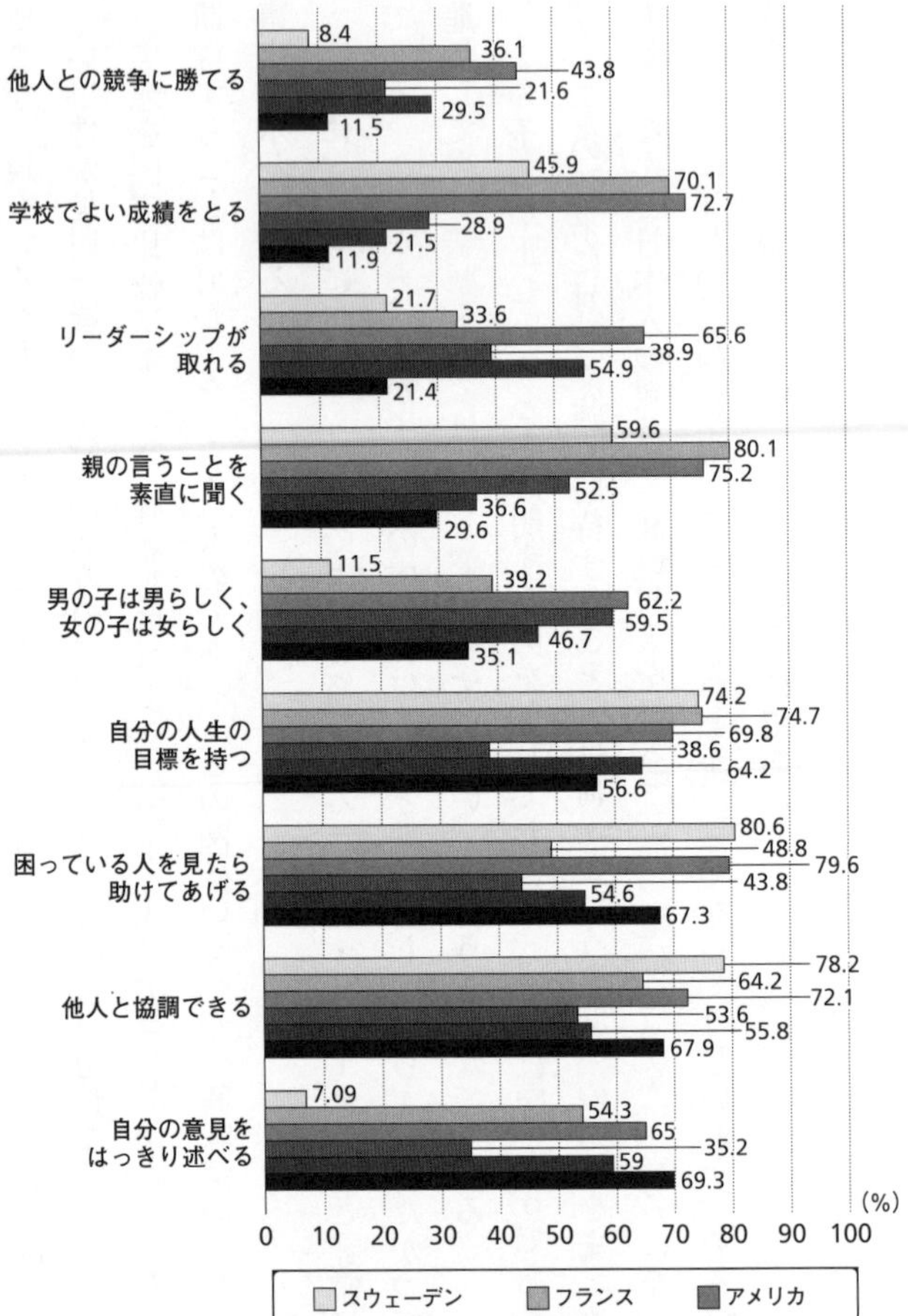

図1–4　子どもが15歳のときに親が強く期待すること

出所：牧野・渡辺・舩橋・中野編著の中の大槻（2010）

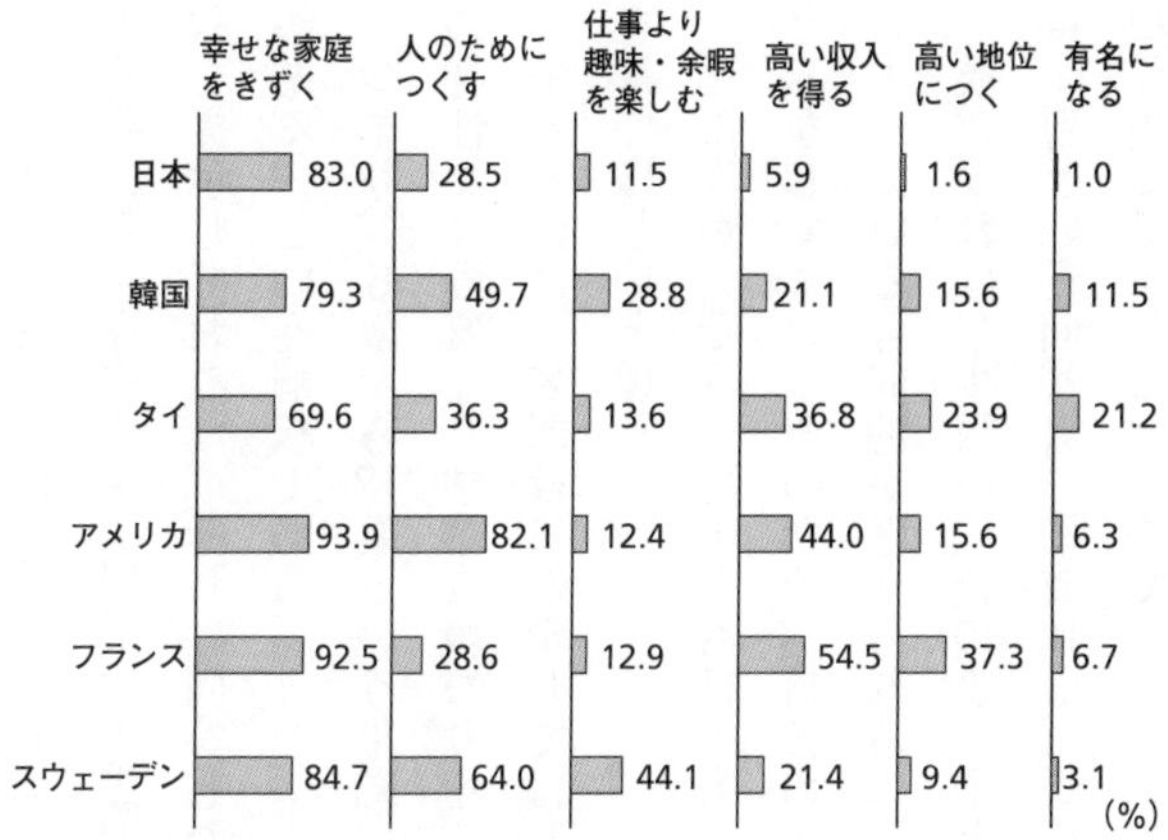

図1–5　子どもの将来に対して親が強く期待すること
出所：牧野・渡辺・舩橋・中野編著の中の大槻（2010）

他国とは異なる日本の特色

筆者もそうであるが、意外な結果であると思われた読者は多いのではないだろうか。しかし私たちの直感に反する、この謎を解く一つのヒントは前の図にある。

それは日本人の親が、子どもが15歳のときに期待することのうち、「他人との競争に勝てる」が11・5パーセントと9種類の質問のうち、最低の比率を示していることから推察できる。他人との競争に勝つ必要がない、と日本人の親の多くが思っているからこそ、収入や学歴、地位に対する期待も低くなっているということである。

大槻（2010）では種々の理由を挙げて、

例えば日本は信じられているほど学歴社会ではないと主張しているし、筆者も橘木（２０１８）で示した通り、その説に基本的に賛成である。ただし、一つだけ筆者による別の解釈を提示しておこう。それは回答した親が自分の子どもの資質をすでに知っている可能性がある、という解釈である。

つまり、6歳から12歳という年齢であれば小学生が対象になるので、親は自分の子どもの特性なり資質なり学業成績なりを、すでにある程度知っているはずである。そして有能な子どもには、名門校に進学してほしいとか、いずれ高い地位についてほしい、高い収入を得てほしいと願う。

ところが、そうした子どもはそもそも数が少なく、過半数の子どもの成績は中位か下位とみなしてよい。そのため、自分の子どもの実力を知った親が高望みをしないか、諦めてしまっている可能性が考えられるのである。

換言すれば、少数の成績のよい子どもを持つ親と、過半数の中・下位の成績の子どもを持つ親という回答者の構成比が、この結果には反映されている。これは他国にも大なり小なり当てはまることなので、日本に特有とは言えない。

しかし「他人との競争に勝たなくてよい」はともかく、「学校の成績はよくなくてよい」「高い地位や収入を得られるようにならなくてよい」と多くの親が考えているのは、他国とは異なる日本の特色とみなしてよい。なぜそうなのかはあとで論じるとして、いま一度先ほどの図に戻って続きを見てみよう。

アメリカと学歴主義

先ほどの二つの図から得られる帰結を、国ごとにまとめてみる。まず最も日本人が関心を抱いており、歴史的にも非常に大きな影響を受けてきたアメリカである。

典型的な競争社会であることを示すように、他人との競争に勝てる、学校でよい成績をとる、リーダーシップが取れる、といったことに親の期待が集まっている。高い地位・収入を得てほしい、有名になってほしいといった期待が強いのも、その結果として当然である。フランスもアメリカに近い。

話は少しそれるが、アメリカは実力主義の国なので、学歴主義はさほど浸透していないというイメージがあるかもしれない。だが、橘木(2018)が示したように、じつは意外と学歴社会の国でもある。

例を示せば、企業が新卒生を採用したとき、大学別に初任給を設定し（当然名門大学卒生のほうが高い）、区別していることが挙げられる。日本では新卒生の給料を大学別に決めている企業はほとんど存在しない。もっとも戦前の大企業であれば、帝国大学出と私立大学出とで初任給に差があったわけで、現代のアメリカ企業ではそれが顕著に見られるだけだという言い方もできる。

だが、例えばアメリカの法科大学院卒業生がローファーム（法律事務所）での就職先を探すとなれば、名門大学院の卒業生から先に就職が決定するし、賃金差もかなり大きい。一度企業や法律事務所に入ってしまえば、その後の報酬は実力が重視されるとはいえ、大学名の効果はまだまだ大きいのである。

日本では周知のとおり、いまだに採用時の決定には卒業大学名がかなり幅を利かせているが、その後の賃金は年功序列的なところが残っており、アメリカほどの実力主義ではない。一口に学歴社会といっても、その性質が同じでないことは注意しておこう。

アメリカとスウェーデンで共通していること

次に平等国家・福祉国家のスウェーデンで、アメリカと逆の性質に親の期待が集まっているのが興味深い。すなわち、他人との競争に勝ってほしい、というようなことをスウェーデンの親は子どもに望まないのである。しかし一方で、スウェーデンの親は子どもの学校の成績がよいことは望ましいと考えている。

これはスウェーデン人が学問、勉強そのものに高い価値を置いていることを反映している。さらにスウェーデンには学校(大学も含めて)間の格差が日本やアメリカほどないので、良質の学校に進むために勉強をするという発想自体が希薄なことも影響している。

スウェーデンがユニークなのは、男の子らしさ、女の子らしさを強調するような育て方をしない、としている点である。ここでもアメリカ(とタイ)は男の子らしさ、女の子らしさを強調する育て方を重視する傾向となっており、両者の対比が際立っている。

ただし、この対照的な2国が同じような結果を示している項目がある。それは、困っている人を見たら助けてあげられる人になってほしいという項目であり、両国ともに80パーセント前後と、他国よりもかなり高いのである。平等国家・福祉国家のスウェーデンで高いのは自然としても、競争社会で個人主義を重んじるアメリカでこの項目が高いのは不思議に映る。

これに的確な解釈を下すのは容易ではないが、それはあくまでも「理想」であり、「現実」とは異なっている、と考えたほうがいいかもしれない。こう判断する一つの根拠は、図で見られるようにアメリカ人は九つの項目の多くに高い期待を示しており、そこから目標なり理想なりを高く揚げる国民性があると考えられるからである。

次にアジアの2国、韓国とタイを見てみよう。基本的にこの2国は日本に似ている。だが、日本よりやや競争意識が強く、学校でよい成績をとってほしい、リーダーシップを取ってほしい、と子どもに期待している。この結果として、高い地位や収入を求める期待も日本より大きくなっている。

なお、すべての国においてもっとも期待度の高い項目は、幸せな家庭を築いてほしい、というものであった。このように世界中のすべての親が、自分の子どもに幸福な家庭人になってほしいと願っている事実は特筆されてよい。

これは橘木(2016b)が明らかにした、現代の日本人が一番の幸せを感じるのは、家族との楽しい団らんのとき、という発想を世界中の人が共有していることを示している。これを小市民的な人生観にすぎないという人もいるかもしれないが、子どもを育てるときによき家庭人になってほしいと願う人々の気持ちを、筆者はとても大切なものと思っている。

教育格差を容認する人が増えている

「親の多くが自らの子どもに対して、学校の成績はよくなくてよい、高い地位や収入を得られるようにならなくてよいと考えているのは、日本の特色とみなしてよい」と少し前で述べた。

繰り返しになるが、これまで日本では親の状況によって子どもの教育に格差が生じるのは、機会の平等に反するという考え方が強かった。そのことはアメリカと比較するとまだ劣るものの、曲がりなりにも奨学金制度が準備されていて、所得の低い親の子弟でも、より高い教育を受けられるように、と社会的な配慮がなされていることからもわかる。

少なくとも、本人の責任ではない条件によって発生する教育格差は排除すべし、というのが教育における機会の平等（均等）の精神であり、多くの人がそれを認めていたのである。

ところが、である。そのように広く支持のあった教育における機会平等に対して、黄信号が灯る時代がやってきている。どういうことかと言えば、所得の高い親の子弟は高い教育を受けて当然であり、逆に所得の低い親の子弟は低い教育に甘んじるのもやむをえない、と思う人が増加しているのである。

図1-6を見ていただきたい。この図は学校教育の格差に関する、保護者（すなわち親）の見方を示したものである。質問は「所得の多い家庭の子どものほうがよりよい教育を受けられる傾向をどう思うか」という単刀直入の問いであり、本章での問題意識に合致している。

２０１８年時点では、「当然だ」と回答した人が９・７パーセント、「やむをえない」と回答した人が52・６パーセントで、その合計は62・３パーセントであった。日本人の親の過半数が、教育格差はあってよい、あるいは教育における機会平等は達成されなくてよい／やむをえない、と判断していることになる。

ここで重要な情報は、２００４年時点でそう考えている人は46・４パーセントであり、

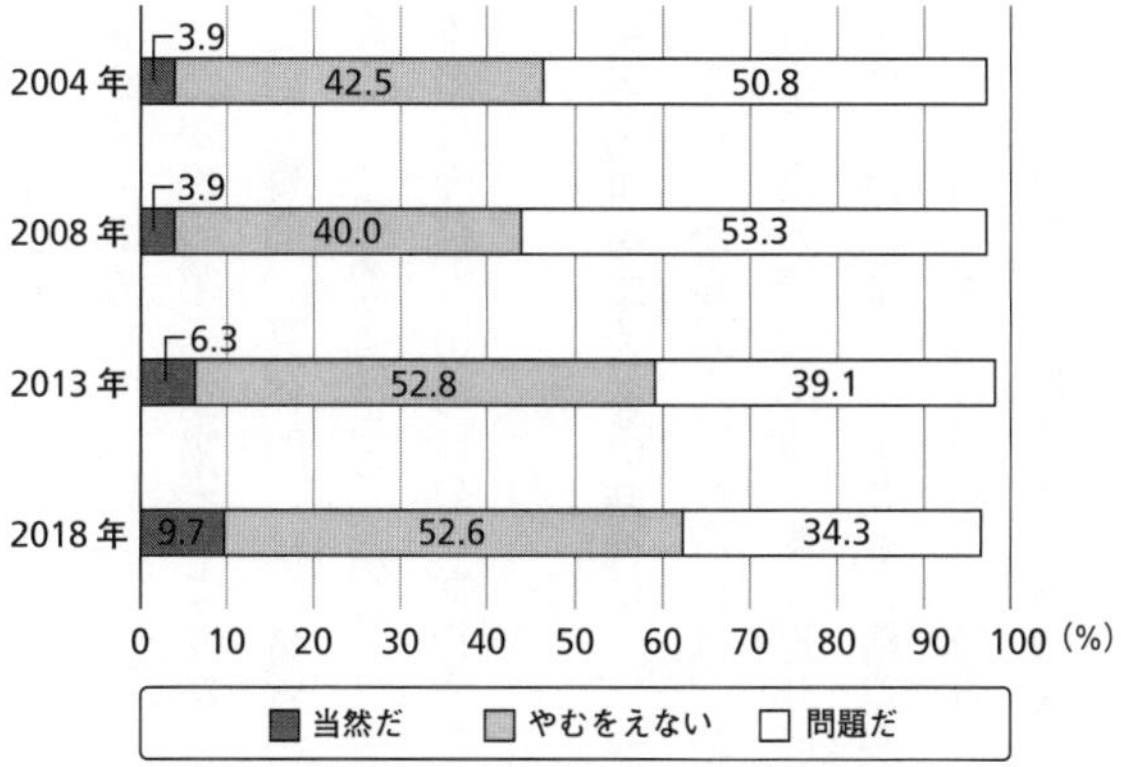

図1–6　所得の多い家庭の子どものほうがよりよい教育を受けられる傾向をどう思うか　出所：ベネッセ教育総合研究所・朝日新聞社「学校教育に対する保護者の意識調査2018」より作成

その後の14年間で15・9パーセントも増加したことである。教育における格差を容認する人が、かなりの勢いで増加しているのである。

掲載はしていないが、この調査では次の二つの気がかりな事実についても報告している。第一に、経済的にゆとりのある人、父母ともに大学卒で大都会に住んでいる人などが、教育格差容認と回答している人の多数派であったことである。

逆に経済的にゆとりのない人や、父母ともに非大学卒で中小規模の市・町・村に住んでいる人などは、教育格差は問題であると回答していた。自分の境遇に恵まれている人ほど格差を気にせず、恵まれていない人ほど気にするとも解釈できるので、当然の結果かもしれない。

だが次の第二の事実はどうか。それは「今後の日本社会はどのように変化すると思うか」という質問、具体的には「貧富の格差が拡大するか」という問いに対して、「とてもそう思う」「まあそう思う」の合計が85・0パーセントに達していることである。つまり、日本では今後も格差社会が進行すると予想する人が圧倒的に多いのである。

「機会の平等」すらない時代に

これらから見えてくるのは、結果の格差も機会の格差も気にしない人が多数派になった日本社会の姿である。繰り返しになるが、少なくともこれまでは、特に教育に関して経済条件の差によって子どもに格差が生じるのはやむをえないという声は小さかった。

むしろ日本人の多数は、できればすべての子どもに平等な教育を与えるべし、と思っていた。だが、それすらない時代になってしまった。

自明のことだが、よい教育を受けることができれば、よい職業に就ける確率が高くなり、高い所得を得られる可能性が高まる。逆に言えば、よい教育を受けられない子どもは、よい職業に就ける確率が低くなるため、高い所得を得られる可能性が低くなる。

なぜ日本は、子どもの教育について結果の格差はともかく、機会の格差まで容認するようになってしまったのだろうか。以下に筆者なりのいくつかの仮説とコメントを挙げてみよう。

第一は、日本人の親は自分の子どもだけに関心を持っていて、他人の子どもはどうでもよいと思っている可能性である。あるいはそこまでではなくとも、社会全体の子どもまでは関心がほとんど及んでいないことが考えられる。

第二は、親の所得の多寡にかかわらず、能力の低い子どもにいくら教育投資しても、学力が高くなって有能な人に育つことはないと信じている人がかなりの割合でいる可能性である。

第三は、所得の低い親は自分が生活のために働くのに一生懸命にならざるをえず、子どものことまで考える余裕がないということである。

子どもの貧困率が高いのは、結局のところ親の貧困によって生じる現象である。その親は、さらに自らの親（すなわち祖父・祖母の世代）が貧乏だったので高い教育を受けられず、結果として貧困に甘んじざるを得なかったのかもしれない。こうして、結果の格差と機会の格差が世代間で連鎖していく。

以上をまとめると、日本人の多くは自分の子どもに対する私的な教育投資には熱心であるけれども、それを社会全体に還元することには関心をあまり持っておらず、また一部の低所得の親は私的な教育投資を行う経済的な余裕すらない、となる。

子どもの健全な成長を願わない社会

このうち筆者が特に気になっているのは、日本人の親が自分の子どもだけに関心を持っていて、他人の子どもはどうでもよいとまではいわないが、無関心に近い風潮である。これは日本の社会が子ども全体の健全な成長を願わない雰囲気と解してもよい。

例えば、少し前のことだが都心の一等地、港区の南青山地区に児童相談所を含む複合支援施設を造る計画が出されたとき、地元の人は恵まれない境遇にある他人の子どもがやってくることに反対運動を起こした。あるいは、近所に幼稚園や保育園が設立されると聞くと、子どもの声がうるさいとして、反対する人々がどこの地域にもいよう。

だが彼ら（おそらく多くが社会経済上の地位（教育・職業・所得）の高い親たち）は、他人の子どもには無関心であるが、自分の子どもには塾に通わせたり、家庭教師をつけたり、ほどほどの習い事もさせたりと、教育に非常に熱心である。

社会経済上の地位の低い親の中にも、子どもの教育に熱心な人もいるが、所得が低いので十分な教育費を支出できない。例えば、学費の高い学校への進学は困難だし、塾や習い事の選択肢も狭まる。だが、いまの社会では、こういう人の教育費まで国民全体で負担する必要はないとする雰囲気が強い。

教育費は国民全体で負担すべきか

教育機会のない人への教育費支出の増加策は、国民一般の教育水準、あるいは生産性を上げるので好ましいという意見があるし、筆者もこれに賛成である。しかし、能力がそもそも低い子どもに教育費をかけても、効果が期待できないのであれば、国家がそこに多大な教育費をかけるのは反対であるという意見は根強い。

表1–2　家族関係社会支出の対GDP比率

	日本	イギリス	フランス	ドイツ	スウェーデン	アメリカ
1	−	0.07	0.01	0.47	0.15	0.26
2	0.02	0.17	0.11	−	0.38	−
3	0.45	1.06	1.21	0.47	1.51	0.36
4	0.01	1.41	0.11	0.09	0.06	−
5	0.19	0.32	0.28	0.2	0.7	−
6	0.68	0.75	1.12	0.88	0.66	0.09
計	1.36	3.78	2.85	2.11	3.46	0.72

1：その他の現物給付
2：ホームヘルプ、施設
3：就学前教育、保育
（1〜3）現物給付

4：その他の現金給付
5：出産・育児休業給付
6：家族手当
（4〜6）現金給付

出所：『平成27年度 厚生労働白書』より作成

残念ながら、教育の効果を社会全体で享受するのではなく、教育投資をした人、あるいはそれのできる人だけが享受するものだと考える人が多い、ということである。

それは日本政府の姿勢としても現れており、家族関係社会支出に如実に示されている。表1−2は、主要先進国における統計をまとめたものである。家族関係社会支出のGDP比率は、政府がほとんど何もしないアメリカが最低の0・72パーセント、日本は下から第2位の1・36パーセントである。特筆すべきはスウェーデンの3・46パーセントとイギリスの3・78パーセントで、福祉国家のスウェーデンよりもイギリスのほうが、家族関係社会支出が多いのは意外に思える。

どのような内容の支出を家族関係社会支出としているのか、また、その内容は国によって異なるのかといったことについて興味は湧くが、ここでは深く追求しない。日本の就学前教育・保育と家族手当への支払い額が他国と比較してかなり低いこと、そしていわゆる「子ども手当」の少なさが国際比較の上からも確認できることが重要である。

いずれにしても子どもの貧困をなくし、教育格差を小さくしようと考えるのならば、教育への政府支出の財源を確保する余裕を持つようにしなければならないだろう。なぜなら次章以降で示すように、能力がそもそも低い子どもであっても、教育によってある程度の効果が見込めるということが、数々の研究によって明らかになってきているからである。

もっとも教育への政府支出を増額する余裕を政府がもつには、まずは低成長経済からの脱出が肝心かもしれない。だが、そのことを論じるのが本書の目的ではないし、紙面も多く必要とするので別の機会に考えたい。

第2章 子どもの将来は何で決まるのか

遺伝の役割とは

前章で日本人の親は自分の子どもに対して、学校で格別にいい成績をとってほしいとか、高い地位についたり、高い収入を得たりする人になってほしいとは願っていないと述べた。

とはいえ、もし子どもが生まれながらに高い能力を持っていることがわかれば、先に述べたこととは反対の方針をほとんどの親がとる。すなわち、いい学校と成績・高い地位・高い収入を手に入れられるように、能力をもっと伸ばせるようにする。あるいはたとえそれほど高い能力を持っていないことがわかったとしても、できるだけよい環境を用意したり教育を施したりして、少しでも恵まれた人生を送れるようにしようとするのは、批判されるべき親の心情ではない。

このように子どもの能力を話題にする際、多くの人が真っ先に思い浮かべるのは、知能(IQなど)や学力であろう。それらを決定する要因を列挙するとすれば、①生まれつきの能力、②本人の勉強に対する努力の程度、③学校における教育方法の効率性などがあり、それらの変数を決定する要因として、④親の能力が遺伝する程度、⑤将来どのような道に進みたいかというアスピレーション（意欲）、⑥公立・私立校への進学や、塾や予備校の受講に影響する家庭の経済条件などがある。

このうち①の生まれつきの能力や④の遺伝について語ることは、日本では欧米とは異なり、タブーというかさほど好まれないと橘木（２０１０）で書いたが、そう言っていられない状況に日本も突入しており、この分野に関する研究も近年急速に進んでいる。

そもそも生まれつきの能力や遺伝とは何だろうか。多くの人は自分のまわりを見渡して、親の頭（あるいは学力）がよければ、子どももそうであるとか、親の容貌が美形ならば子どももそうであり、性格も親子で類似していることが多い、と常識的に認識している。さらに体力や運動能力に関しても親のそれが子どもに継承される確率は高いと考えている。

遺伝が重要な役割を演じた例

スポーツ選手を例にすれば、体操の内村航平、白井健三などは親がその競技の選手だった。ハンマー投げの室伏広治も、陸上競技で有能だった父母から強靭な肉体を受け継いだ。広島東洋カープ、大リーグで活躍した黒田博樹も、父親が元プロ野球選手、母親は体育教師であり、運動能力に対する親の影響が大きかった、と多くの人は考える。

一方で、芸術や文学の分野はどうかといえば、二世・三世で活躍した人は少数ながら存在するが、親子ともども傑出した例は多くない。例外は歌舞伎の世界であり、父親から息子、孫へと名跡《みょうせき》が世代間で引き継がれる。しかし、これは世襲という制度がそうならしめているだけであり、演技能力が遺伝によって継承されている、とまでは言い切れない。幼い頃から特殊な世界で特別な訓練を受けているため、遺伝より環境や教育の果たす役割が大きいとも推定できる。

政治家の世界は二世・三世のやたら目立つ世界であるが、政治家になるための素質が何かをなかなか定義できないので、ここで遺伝が果たす役割を正確に計測するのは困難であろう。政治家になるには、地盤、看板、鞄の三つの「バン」が必要といわれるが、これらのうち親から遺伝として継承されるものはなく、むしろ環境の伝承と考えたほうがよいかもしれない。

もう少しわかりやすい例を考えてみよう。日本で最初にノーベル賞を受賞した湯川秀樹・京都大学教授、そして朝永《ともなが》振一郎《しんいちろう》・東京教育大学教授の物理学者の二人は、家系が学者一家である。湯川の父・小川琢治は地質学専攻の京大教授、朝永の父・朝永三十郎《さんじゅうろう》は哲学専攻のこれまた京大教授であった。二人とも能力・学力を親から受け継いだであろうし、家庭における勉強・学問に熱心な雰囲気は役立ったと思われる。

容貌に関しては、父母が美男・美女であれば、子どももその確率が高いことは、日頃多くの人の実感するところであろう。美形俳優として有名であった大川橋蔵《はしぞう》の息子二人も俳優になった美男子であった。俳優の市川右太衛門《うたえもん》と息子・北大路《きたおおじ》欣也《きんや》も美男親子として有名である。母娘の美形といえば、最近では松原千明《ちあき》と娘・すみれが挙げられようか。女優・松たか子の父母は、二代目の松本白鸚《はくおう》であり、そして藤間《ふじま》紀子《のりこ》の美形である。

身体能力に関しては、すでに体操の内村航平、白井健三の名前を挙げて、父母の高い身体能力が子どもに受け継がれたと述べた。親子が同じ運動競技を行ってともに一流になった例はそう多くないと思われるかもしれないが、じつは大相撲にはかなりの例がある。貴ノ花の息子二人、若乃花と貴乃花はともに横綱になったし、大関増位山《ますいやま》の息子・増位山も大関であった。これこそが親の体力が子どもに継がれた格好の例となりうる。

このように、遺伝が本人の能力を決定する上で重要な役割を演じるのは間違いない。一度橋木（２０１７ｂ）で論じたことがあり、遺伝に関してはそれを踏まえて改訂、発展させたものである。

遺伝と遺伝子

遺伝を掌《つかさど》るのは遺伝子であり、よく聞くＤＮＡ（デオキシリボ核酸）はその本体を意味する。遺伝現象を学問としての初期段階で発展させた人物に、オーストリアのグレゴール・メンデル（１８２２〜84）とイギリスのチャールズ・ダーウィン（１８０９〜82）がいる。その後にＤＮＡの二重らせん構造を発見したアメリカのジェームズ・ワトソン（１９２８〜）とイギリス人のフランシス・クリック（１９１６〜２００４）も有名であるが、前二者は高校生物学の教科書にも出てくるので少し詳しく触れておこう。

メンデルの功績はさまざまな特徴をもったエンドウマメを交配させることによって、遺伝に規則性があることを発見したことにある（「メンデルの法則」）。特に重要なのは、遺伝子に優性と劣性があるのを発見したことである。これは「優性の法則」として知られる。もっとも、優性／劣性は、例えば人間の形質において知力や体力が優れているから優性、劣っているから劣性ということではなく、異なる対立遺伝子が存在するときに形質として表れやすいほうを優性と呼び、表れにくいほうを劣性と呼ぶにすぎない。

もう一人のダーウィンは進化論で知られる自然科学界のスーパースターだが、じつは著者のような社会科学者にとっても重要な人物である。ダーウィンは、生存と繁殖に有利な個体がその性質を多くの子孫に伝え、進化に方向性が与えられることを「自然淘汰（自然選択）説」として体系化した。

この学説の影響は大きく、ダーウィン革命と称されるほどのインパクトを社会に与えた。そして、このアイデアを人間社会に適用し、社会現象を説明するべく登場したのが「社会ダーウィニズム」である。

詳しくは後ほど説明するが、「社会ダーウィニズム」は、20世紀のドイツでナチズムの下、アーリア人の優位とユダヤ人の劣位を意図的に説く思想的正当化に利用されるなどしたこともあり、悪名が高い。ただし、これについては本来ユダヤ人のほうが、学問で優秀な人とか、経済的に成功した人の例などで示されるように優秀なので、非ユダヤ人のユダヤ人への恐れから、あのような反ユダヤの行動に出たのだという説もある。

ダーウィン自身が研究の過程で生物の進化と人間社会の進化を相互に関連づけて考えていたかは不明であるし、おそらくは生物学しか頭になかった、と想像するのが自然であろう。しかしダーウィンの進化論が、のちに述べるスペンサー流の「適者生存」論と結びついて、強者の論理——強者が弱者を排除するという思想——の台頭を促した側面があることは確かである。「社会ダーウィニズム」という名称自体が、そのことを物語っている。

遺伝と社会ダーウィニズム

「社会ダーウィニズム」を発展させる原動力となった学者としては、トマス・マルサス（１７６６～１８３４）とハーバート・スペンサー（１８２０～１９０３）の二人が挙げられる。

このうちイギリスの経済学者マルサスは、『人口論』（１７９８）の著者として有名である。マルサスはこの本の中で、人口は幾何級数的に大きく増加するが、食糧生産は算術級数的に少ししか増加せず、出生率を抑制しない限り、人間の多くが食糧不足で餓死に至るという悲観論を主張した。

そしてデヴィッド・リカード（１７７２〜１８２３）の自由貿易論に対抗して、自由貿易制限論を説いた。やや経済学的になって申し訳ないが、マルサスは自国での食糧生産を確保するために、「穀物法」の制定を主張して、外国からの食料品輸入を制限しようとした。一方のリカードは外国から安い価格の食料品を輸入することが、輸入国と輸出国の双方にとってプラスになるとし、「穀物法」のような関税を課す保護貿易政策に反対して自由貿易論を展開したのである。

この対立は現代でも見られることに気付いてほしい。アメリカのトランプ大統領は国内生産を保護するために、関税を課して外国からの輸入を制限しようとしている。これは保護貿易論であり、自由貿易論への抵抗という意味でマルサス的である。

このようにマルサスの考え方は多分に保守的なものであり、先述の人口増加に対しても出生率抑制のためのさまざまな具体的手段を提唱したり、優秀な子のみを産むことを奨励したりした。これをより明確に主張したのが、もう一人のイギリスの哲学者・社会学者スペンサーである。

スペンサーは、「適者生存」という造語を編み出して、種の中にある形質が外部の環境に最も適していれば、その子孫は今以上に増加し、発展するという考え方を提唱した。逆に外部の環境に適さない種は衰退していく可能性が高いとした。いわば「強者が弱者を駆逐する」のが自然界、人間界の掟《おきて》であると主張したのである。

この思想は社会進化論の起源とみなされている。もちろん生物界と人間社会では性質は異なるものの、進化という現象に着目すれば共通のものがあると解釈することはできる。そのため適者＝強者、不適者＝弱者として、弱肉強食こそが人間社会の原理であり、競争の末に人々の間に格差が拡大することは自然の摂理なので止むを得ない、という考えを支持する根拠に使われるようになったのである。

「平均への回帰」は平等をもたらすか

ここでもう一人、イギリス人のフランシス・ゴールトン（１８２２〜１９１１）の名前も挙げておきたい。彼は生物学と統計学を融合させて、生物の種々を親世代、子世代、孫世代と世代ごとに順に追っていくと、親世代が持っていた特質はやがてその平均値に収斂《しゅうれん》すること、つまり「平均への回帰」という現象を発見した人物である。ついでながら統計学における「回帰係数」という言葉は、ゴールトンの「平均への回帰」が語源である。

「平均への回帰」をわかりやすい言葉で解説してみよう。例えば両親の背が高ければ、背の高い子どもの生まれる確率は高い。しかし、背の低い子どもの生まれる確率も低いながらゼロではない。同じことは背の低い両親の子どもにも当てはまる。背の低い両親から、背の高い子供が生まれることもある。

現実の社会では背の高い者同士、背の低い者同士の結婚は多い。それを放置しておけば、世の中は背の高い人と低い人ばかりという、とんでもない「格差社会」になるのではないか、と思われるかもしれないが、背の高い人同士の子どもでも背の低い子どもの生まれる確率は4分の1ほどあるし、背の低い人同士の子どもでも背の高い子どもの生まれる確率は4分の1ほどある。

しかも夫婦の背の高さは実際にはいろいろなレベルの高さの組み合わせである。これらすべてのケースを考慮すると、子どもの背の高さは両親の背の高さの平均に近づく——これが「平均への回帰」である。

これは人の能力や学力についても当てはまる。容貌においても同様である。そのため、学生時代に統計学を必死に勉強した筆者は、「平均への回帰」という現象を知ったとき、これこそ人間社会を安定に導く素晴らしい定理として感銘を受けた。もし「平均への回帰」が真実であるならば、世の中は極端な格差社会ではなく、平均的で格差のない社会へといずれは到達するように思えたからである。

「優生学」へとつながった黒い歴史

「平均への回帰」を発見したゴールトンの遺伝学上の主張は、1869年の『遺伝的天才』に凝縮されている。すなわち、人間の能力の高い者同士の結婚によって、能力の高い子どもの生まれる確率のかなり高い事実に注目して、人為的な配偶者選択の連続によって高い才能を持つ人を生むようにしたい、と主張したのである。

このように、自然界で成立している「平均への回帰」から、意図的に能力の高い者同士が結婚して、子どもをつくるべしという彼の主張には、かなりの飛躍があった。さらに、世の中を見れば貧困層の夫婦のほうが出生率が高いことに注目して、これらの夫婦は身体的に弱かったり、優秀な才能を持っていなかったりするから、放置しておけば凡庸な人が多く誕生することになる、という警告までした。

こうして背の高い者同士、頭のよい者同士、美しい者同士の結婚を奨励したのだから、ゴールトンを「優生学」の提唱者とみなしてもいいだろう。先に述べたように、筆者は統計学者としてのゴールトンは、回帰式の発案者であるし、「平均への回帰」自体も好ましい発見なので尊敬できるが、優秀な人を生むための結婚を推奨し、逆にハンディキャップのある人の出産を抑制するという主張は好みではない。

前者の優秀な人同士の結婚を奨励する優生学を「積極的優生学」、ハンディキャップのある人同士の結婚を奨励しない、あるいは親になることを認めないのを「消極的優生学」と呼ぶ。ヒトラーのナチズムは「積極的優生学」であり、戦前・戦後の一時期の日本で行われたのは「消極的優生学」だった。有名な例は、ハンセン病患者への対策であろう。

前者は言うまでもなく、後者に関しても今になって断種や不妊手術を強制させられた人たちが、人権侵害として補償を訴えており、現代にまで大きな禍根を残していることは多くの人が知る通りである。

利己的遺伝子か、利他的遺伝子か

こうした考えの極限に位置するのが、遺伝子がすべてを決定するとする「遺伝子決定論」であろう。前章で「親の所得の多寡にかかわらず、能力の低い子どもにいくら教育投資しても、学力が高くなって有能な人に育つことはないと信じている人がかなりの割合でいる」と述べたが、彼らがそう考える背景には多かれ少なかれ「遺伝子決定論」が影響していると思われる。

この遺伝子決定論を強力に推し進めた生物学者に、リチャード・ドーキンス（１９４１〜）がいる。彼は著書『利己的な遺伝子』（１９７６）の中で、遺伝子は利己的な行動をする特性を持っており、自らの遺伝情報を存続させるべく振る舞うと主張した。ここでの「利己的」という言葉は、哲学や倫理学でよく用いられる言葉であり、自分の利益を優先させる動機の強いことを指すと考えてよい。

賢明な読者は、「利己的」という言葉の反対語は「利他的」である、と知っている。利己的が自己中心的な考えと行動を意味するのであるから、利他的は自己の利益を失ってでも他者に配慮して、そのためになること、またその成功を助けようとすることを意味する。

ドーキンス以前の遺伝学の世界では、遺伝子は利他的な行動をとるという考えのほうがむしろ主流であった。有名な例として生物学者が指摘したのは、ミツバチにおける働きバチ（これはすべてメスである）の利他的行動である。

ミツバチのメスには、働きバチと女王バチがいて、同じ有精卵から生まれる。つまり別々の種のミツバチがいるのではなく、幼虫の間に特別な栄養を得た個体だけが、女王バチに分化するのである。そして働きバチはひたすら働いて女王バチに貢献し、自らの子孫は残さない。女王バチの子孫を残す行動を全面的にサポートする。こうした働きバチの行動は、極めて利他的に見える。

このことをドーキンスは「利己的遺伝子」という言葉を用いて、次のように解釈した。イギリスの科学ジャーナリスト、マット・リドレーの著書『やわらかな遺伝子』（２００４）に解説があるので要約して紹介しよう。

ひたすら働いて女王バチに奉仕する働きバチは、たしかに利他的な行動を取っているように思われる。しかし、それは個体単独で考えた場合の話である。個体ではなく、群れや種全体で考えれば、自らの集団の生存確率を上げることにつながっている。そもそも群れや種というのは、同じ遺伝情報を持っているかどうかによる。だとすれば、女王バチの子どもという形で残る遺伝子に対して、働きバチの行動は利己的である。

もとより「利己的遺伝子」論には、遺伝子それ自体が意思をもって利己的に行動するのだという誤解を与えかねない危うさがあった。また先に述べた優生思想を助長しかねない側面もあった。そのため「利己的遺伝子」論（あるいは「遺伝子決定論」）は慎重に扱わねばならない思想だと言える。

生物学の素人である筆者は、「利己的遺伝子」論を正確に評価することはできないが、近年の遺伝学の進展が非常にシリアスな問題を私たちに突きつけているのは確かである。

知能とはそもそも何か

遺伝の話は興味深くかつ奥深いので、ついつい話題が広がってしまったが、筆者が言いたかったのは、遺伝に関する事実や思想がさまざまに明らかになってきたことで、「人間を成功に導くのは遺伝（生まれながらの能力）か、それとも環境・教育（育てられ方）か」という人類永遠のテーマに切り込む準備がようやく整いつつある、ということである。

これを、教育格差をテーマとする本書の関心から言い換えるならば、シンプルに「子どもの教育達成にとって遺伝と環境のどちらがより重要なのか」ということになる。その疑問に答えるには遺伝、能力、教育水準、努力といった変数の与える効果がどれほどのものであるのかを、具体的に検討するのが一番だろう。

教育にかかわる能力といえば、知能（頭のよさ）と、学力が挙げられるが、特に知能はタブーを秘めた領域として、実際に多くの論争の的になってきた関心の高いテーマである。もっとも一口に知能と言っても幅広いので、Gottfredson（2000）を参考にもう少し詳しく定義しておきたい。

それによると、「知能」とは極めて一般的な能力であり、そこには「推論する」「計画を立てる」「問題を解く」「抽象的に考える」「複雑な考えを理解する」「素早く学ぶ」「経験から学ぶ」といったさまざまな能力が含まれる。学問・学力とは異なるのに注意されたい。

この幅広い能力の程度がどれほどなのかを検証するためにつくられたのが、「ＩＱ（知能指数）」であった。元となったのは、先に述べたゴールトンの弟子・スピアマンによる「ｇ因子」と呼ばれる考え方で、言葉や数字、図形解析能力がいかに高いかを示す尺度「ｇ」

を、具体的に計測するべく開発されたのが今でいう「ＩＱテスト」である。

ＩＱテストが開発されたのは、知能が高い人を見つけるためというより、知能が低い人を見つけ、彼らの学力を高めるための資料を得たいという動機からだった。そのためＩＱテストでは、平均的な知能の持ち主を１００あたりに設定し、それより高い数字の人を優秀な人、低い人はそうでない人というふうにしている。

ＩＱが人間の知的能力を測る指標として正しいかどうか、これを用いて行われるさまざまな分析にどの程度の価値があるのかは議論が絶えないし、今でも容認論と懐疑論が入り混じっているので、その信頼性については後ほど改めて触れることにしたい。

知能と人種に関する論争

知能については、過去に大きな論争となったトピックがいくつかある。第一の論点は、知能は人種によって異なるのか、である。これについては現在も世間的な関心が高いと思われるが、特にアメリカにおいて論争となった時代があった。歴史的にアメリカでは黒人差別が広く行われていたが、そのときに「黒人は白人に対してＩＱが劣る」ということが、差別を半ば容認する根拠として用いられたのである。

例えば、アメリカの心理学者アーサー・ジェンセンによる『ＩＱの遺伝と教育』（１９７8）は、集団を白人と黒人の２種類に区分してＩＱ調査を実施し、白人のＩＱのほうが黒人のそれよりも高いという事実を提示した本である。ついでながら、そこではアジア系やヒスパニック系についても調査を行っており、アジア系はＩＱが高く、ヒスパニック系は低いという結果が提示されている。

さらに時代が進んでからも、心理学者リチャード・ハーンスタインと政治学者チャールズ・マレーによる『ベルカーブ――アメリカ生活における知能と階級構造』（１９９４）が、ＩＱテストによって白人のＩＱを１００とすると、黒人のそれは85にすぎないと提示し、大論争となった。これだけ知的能力に差があるのなら、黒人の教育投資を行っても無駄になる可能性があるとか、人種的公平のために黒人を優先的に大学に入学させる政策も意味がない、と言う人たちが出てきたからである。

当然のことながら、このように人種間にＩＱの差があるという研究成果は、アメリカ国内で大きな批判にさらされたし、本書でもその論争には深入りしない。幸いなことに日本では人種間でＩＱが異なるかという論点がそれほど問題になることはない。むしろ日本での課題は、出身地（たとえば韓国系か、中国系か、東南アジア系か）による差、あるいは職業や性別による差のほうに、人々の関心が向けられていることであると言えよう。

子どもの知能は遺伝だけで決まらない

知能に関する第二の論点は、同一人物の知能に関して、年齢とともに進歩（あるいは退歩）がありうるか、である。ここで注意しておきたいのは、知能と学力の違いである。私たちはみな、人間が年を重ねると学校教育や訓練の効果によって、学力ないし学問の水準が高くなることを知っている。

一方で、知能は先に述べたように「推論する」「計画を立てる」「問題を解く」「抽象的に考える」といったさまざまな能力を総称したものであった。本来の理想形たるＩＱは、これらの能力が生まれながらにしてどの程度かを表すための指標である。そのため幼児期、若年期、中年期、高年期といった年齢の違いによって、同一人物のＩＱの値が変わらないことが望ましい。

ところが、である。先述のリドレーの『やわらかな遺伝子』は、年齢とともにＩＱが変化する可能性を次のように指摘したのである。すなわち、ＩＱのバラつきの程度に対する遺伝子の貢献度は、幼児では20パーセント、少年・少女では40パーセント、大人では60パーセント、中年を過ぎると80パーセントとなるので、若い年代では勉強・教育や訓練を施すことによって、ＩＱの程度が変化する可能性が十分ありうる、と。

これを逆にいえば、歳を重ねるほどに勉強・教育や訓練の効果は少なくなり、遺伝子による知能への効果が顕著に現れるようになる、ということになる。一昔前であれば、遺伝は生育の早い段階で出現し、その後に環境の影響が生じると考えられていたので、これは新しい見方の提供であった。

第二の論点に関して、いくつかの貴重な分析をまとめたものとして、第1章でも触れたニスベット（２０１０）によるサーベイ（概観）研究がある。

この研究は、養子縁組で育った人々が、どのような両親の下に生まれたのか、その後に養子となったときにどのような家庭で育てられたのかに注目して、もともとの両親のＳＥＳと、育てられた家庭の両親のＳＥＳとを比較して、子どものＩＱがどう影響を受けたかを調査したものである。

結論は次のようなものである。ＳＥＳの低い家庭（すなわち下流階級）で生まれた子どもが養子に出されて、ＳＥＳが高位か中位（中・上流階級）の家庭で育てられたとき、ＩＱは下流階級で育てられたときよりも18ポイント高くなることがわかった。

これは、下流階級の親から生まれた子どものＩＱがもともと低かったとしても、養子に出された先の家庭が中流か上流であれば高くなる可能性があることを意味している。つまり、育てられた環境が良ければ、知能そのものが上がる可能性がある、ということである。

この主張は「遺伝子決定論」に反旗を翻《ひるがえ》すものであろう。ＩＱは遺伝によって決まるという考え方を否定するものであり、教育を積極的に行うなど、外部環境次第で決まるのだという主張につながるからである。ちなみに、筆者の判断は、教育・環境が良ければ子どものＩＱを上げられる可能性は確実にあるだろうが、それを格段に上げることは困難である、というものである。

知能は時代で変化するのか

知能に関する第三の論点は、昔の人間よりも、いまの人間のほうが知能が高いのではないか、というものである。

太古の人間は原始的な生活に甘んじていたが、時代が進むにつれていろいろな道具や機械をつくり、知的な、あるいは便利な生活を送ることが可能になった。このことを根拠にして、人間の知能は時代とともに進歩しているのではないか、というわけである。ただし、これは人間の食生活が豊かになって栄養がよくなり、脳にも進化が見られたためだ、というのは素人でも想像がつく。

だがそのような長い期間を想定せずとも、ＩＱの値はこの約１００年の間に徐々にではあるが着実に上昇していることがわかっている。具体的にいえば、祖父母の世代、父母の世代、子どもの世代、そして孫の世代と10年ごとに計測したところ3ポイント以上の割合でスコアが上昇しているのである。これはジェームズ・フリンが見つけたことから、専門家の世界では「フリン効果」と呼ばれる。

その理由はさまざまであり、栄養摂取が優良になったこともその一つではあるだろうが、筆者はニスベット（2010）が主張するように幼児の段階で子どもが親から絵本を読んでもらったり、数の数え方を教えられたりするのが多くなったことが、幼児の言語能力、論理（数学）、絵画能力などを上げるのに貢献するようになったと考える。こうした幼児教育の効果については、次章で詳しく述べることにしよう。

知能を測定することの難しさ

知能に関する第四の論点は、IQという指標そのものの有効性についてである。

例えば、日本ではある時期からIQが利用されなくなった、あるいは測定されなくなった。筆者の年代では小学校の低学年のとき、全員がIQテストを受けていた。しかし、今ではどの学校でもIQテストを実施していないようである。いまの大学生に「子どもの頃にIQテストを受けたか」と問うと、ほとんどの学生がNOと反応するのだから、そうなのであろう。測定されなくなった根底には、できの良い子とそうでない子の発見と、それにともなう差別につながりかねないという、日本独自の平等感からの発想があるように思われる。

これについて、筆者は匿名性を厳格にし、かつ結果を本人にも他人にも知らせないという原則が貫徹されるなら、テストの実施をしてもいいのではないかと思う。なぜなら、どういう教育を提供すれば子どもの知能なり学力なりを高めることが可能か、ということを考えるときの資料として、政策上のメリットがあると判断するからである。

　にもかかわらず、わが国ではＩＱテストを復活させるとの声はまだ小さい。専門外の筆者にはわからないが、もしかすると教育学や心理学の世界では、ＩＱは人の認知能力を測定する指標としてそもそも不十分であるなどの判断が強いのかもしれない。

　もっともＩＱに優る指標が現時点で他に開発されていないのも事実である。その理由は知能というものが、すでに述べたように複数多岐の分野にまたがる能力であり、単一の指標にまとめることがそもそも難しいからというのが大きい。

双生児研究から見た「遺伝か環境か」問題

　ＩＱが生まれながらの知能の指標であるのに対して、学力（学業成績）は学校で教育を受けた諸科目におけるテストの成績である。しかし、この両者は混同して用いられることが多い。また知能の高い人が学業成績において良い成果を残すといった形で両者が重なり合っていることも事実である。

だが、学業成績は育った環境や受けた教育によって「大きく」影響される。そこでこれまで述べてきた以上に「遺伝か環境か」をめぐる論争に決定的な資料を提供するのは、子どもが一組の両親から同時に生まれる双生児、特に一卵性双生児と二卵性双生児の違いについての研究である。

一卵性双生児は、もともとは一つの精子と卵子の結合した受精卵であるから、遺伝情報は100パーセント共通である。一方、二卵性双生児は、異なった精子と卵子の結合なので、遺伝情報は100パーセント共通ではなく、共有度は50パーセントになる。つまり二卵性双生児は同じ親から生まれた兄弟姉妹と同じ程度に似た特質を共有しているということである。

アメリカでは、意図的にこれらの双生児を異なる家庭に分けて育てる実験まで行い、遺伝と環境のどちらがより大きな影響を及ぼすかの分析がなされている。そこでは身体的特徴、運動神経、知能、芸術的才能、性格など、さまざまな要素や行動が対象となっており、アメリカが学問追求のためにものすごい実験をやる国であるとわかる（アメリカにおける双生児研究の実験がどのようなものであったかは『まったく同じ３人の他人』という２０１８年のドキュメンタリー映画に詳しい。興味があればご覧いただきたい）。

「共有環境」と「非共有環境」

ここで重要なのは、安藤（２０１１）が指摘するように、「環境」を区別して把握することの必要性である。なぜなら環境と一口にいっても、そこには「共有環境」と「非共有環境」の二つの違いが明確に存在しているからである。

まず共有環境とは、例えば食事はまったく同じものを食べるとか、同じ学校に通うとか、父母が子どもを同等に扱うとか、同じものを子どもに与えるとかいったことである。一方で同じ家庭にあっても、一人一人が個別に享受するものを、非共有環境という。例えば、食事の好き嫌いがある場合、親が別々の食事を与えるとか、異なる学校に通わせるとか、子どもの特性に合わせて異なる育て方をするとか、そういったことである。

このような二つの異なる環境を考慮に入れて明らかになった事実はTurkheimer (2000)

にまとめられており、いまや「行動遺伝学の3法則」として学界で広く知られている。それを簡潔にまとめると次のようになる。

①まず、遺伝の影響はあらゆる側面で見られる。やや大胆に要約すると、要素や行動のばらつきの30〜50パーセントは遺伝で説明でき、ある特定の要素や行動によっては70〜80パーセントまで遺伝で説明できる場合があるという。

②次に共有環境が要素や行動に与える影響はまったくないか、あったとして小さいことが多い。これには、これまで共有環境の影響と思われていたものが、数多くの研究によって、じつは遺伝の影響であったと判明した結果、共有環境の影響が小さく評価されるようになったという事情もある。

③最後は非共有環境が要素や行動に与える影響はかなり大きい。これは環境を共有環境と非共有環境に区分した結果でもある。換言すれば、双生児を研究対象にしたことによって、非共有環境の影響が鮮明になったのである。

遺伝の影響は思いのほか小さい

こうして明らかになった遺伝と環境の影響のうち、私たちがもっとも興味があるのは知能への影響および学業成績(学力と呼んでもよい)への影響であろう。

さまざまな研究によると、学業成績は遺伝の貢献割合が55パーセント、共有環境が17パーセント、非共有環境が29パーセントと計算されている。割合の半分以上が遺伝と言われると、影響がとても大きい気がするかもしれないが、この55パーセントは、むしろ影響が少ないという見方もできる。

なぜなら、4種類の知能(すなわち、論理的推論能力、言語性知能、空間性知能、一般知能〔一般知能は、言語性知能と空間性知能の合計〕)のうち言語性知能以外は、遺伝の貢献割合が70パーセント前後も占めているからである。これは次のような意味を含んでいると理解していいだろう。

いわゆる頭のいい人(知能の高い人)が学校において高い学業成績(学力)を示すのは確実であるが、それは遺伝のためだけではなく、育った環境やどのような教育を受けたかによってかなり左右される。すなわち、家庭や学校の教育によって、学業成績を上げることがで

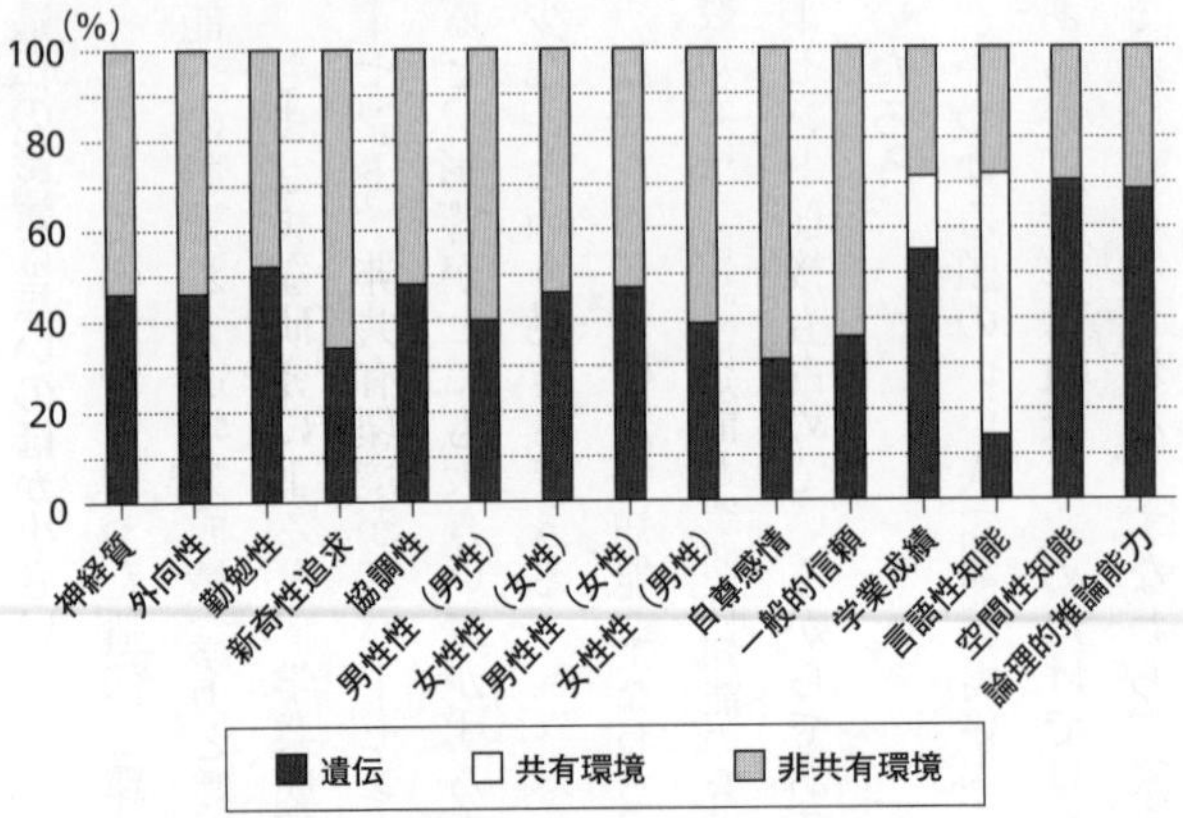

図2–1　遺伝と共有環境・非共有環境の影響　出所：安藤（2011）

きる、と。

これを現実世界の教育に適用すると、子どもに良質な教育を施せば、限界はあるもののある程度は学力が上昇する、となる。もちろん一口に学業成績といっても、分野によって遺伝と環境の影響はさまざまである。

それについて参考になるのは安藤（2011）であろう。世界中に多くある研究を網羅的にサーベイして、安藤なりの平均的な評価として提出しているので、それを用いて解釈してみたい（図2-1）。

ここからわかることは、次のようにまとめることができる。

①論理的推論能力（数学的能力）は68パーセントが遺伝で、31パーセントが非共有環境である。

②言語性知能は遺伝が14パーセントにすぎず、共有環境が58パーセント、非共有環境が28パーセントである。

③空間性知能は70パーセントが遺伝で、29パーセントが非共有環境である。

これは日本人を対象とした調査なので、わが国のものであるが、やや誇張を込めて解釈すれば、数学の能力は生まれながらの素質で決まる確率が高く、環境や育て方・教育によって向上する確率は低い。一方、話す能力や文章を書く能力は生まれながらの素質というより、育った環境や学校教育に左右される確率が高い、ということになる。

この結果は、我々がなんとなく直感的に持っている印象と、見事に合致しているのではないだろうか。例えば、筆者を含めた数学が得意でない人は、身近にいる数学が抜群に得意な人と比べて、自分がいくら頑張って勉強してもその人には追いつけない、と感じたことがあるのではないだろうか。一方で、言語や文章力は訓練でかなり上達する。ここではその通りの結果が提出されており、非常に納得できる。

先に「認知能力」という言葉が登場したが、これはＩＱで表される知能や、知的能力（読み、書き、計算などの基礎能力や、記憶力、解析力、思考力といった能力）を示すものと考えてよい。

「非認知能力」の重要性の発見

一方、近年注目を集めているのが、「非認知能力」（Non-Cognitive skills）と言われるものである。〝非〟認知能力とは、当然のことながら、認知能力とは異なる能力を意味しており、具体的には人々の性格なり精神のありよう、また意欲に関する能力を意味する。

個別に具体的な能力を列挙すれば、指導力、計画性、創造性、向上心、忍耐力、自制心、協調性、適応力、意欲といった各種各様の特性がそうである。これらに秀でていたら、学業、仕事、その他諸々の人間の活動を行う上で役に立つことは容易に想像できる。当然、これら全部を兼ね備えた人などおらず、いくつかを持っているとか持っていないというにすぎない。

しかし非認知能力が高まれば、小学校以降の学力向上に貢献するのみならず、職業人としての仕事を成功させるのにも役立つ。例えば高校生のときに無遅刻であったという勤勉性は、専門職とか管理職といった質の高い、あるいは責任の要求される職業に就くのに役立つ。

あるいは学生時代に運動クラブや生徒会に入っていた人は、働くことになった際の賃金が高くなる可能性が示されている。こういう人は、仲間とうまくやっていけるという協調性、リーダーシップを発揮できる人という特色を持ち合わせていると理解できるので、社会においても仕事上で高い業績を示して、出世する可能性があると言える。これについては、ヘックマンが興味深い研究をしているので、次章で紹介することにしたい。

いずれにしても、そうであるとしたら親の関心は、これらの特質なり性格をどのように持たせるか、あるいは上げるにはどうすればよいか、ということになるだろう。「そもそも人の性格が本当に変えられるかどうかはわからない」し、率直に言ってそれを論じることは筆者の能力を超えている。しかし、このような非認知能力の大切さに気がついたのは、経済学における最近の一つの進歩と言ってよい。

性格もまた遺伝するのか

直前で「そもそも人の性格が本当に変えられるかどうかわからない」と述べたが、現代の遺伝学はこの分野に関しても進展が見られ、性格の種類によっては遺伝で与えられたものを環境・子育てで多少なりとも変えられることがわかっている。詳しい議論は橘木（2017b）に譲るとして、ここではその概略を書いておこう。

まず心理学の分野でいうところの「ビッグファイブ」という5つの特質、性格に注目したい。ビッグファイブの中身は、次の通りである。

①**誠実性**（conscientiousness）　自己統制力や達成への強さ、そして真面目さや責任感の強さ

②**開放性**（openness to experience）　知的好奇心の強さや想像力、あるいは新しいものを受け入れる姿勢

③**神経症的傾向**（neuroticism）　環境やストレスに対する敏感さ、不安や緊張の強さ

④**外向性**（extraversion）　社交性や活動性の強さ

⑤**協調性**（agreeableness）　利他性や共感性、優しさの程度

これらを、最も遺伝性の強い性格（すなわち逆に環境による貢献の小さい性格）から順に並べると、開放性と誠実性、神経症的傾向と外向性、協調性となる。逆に言えば、環境（非共有環境）の与え方や育て方がよければ、人々を調和的で協調性の高い人に導くことが可能である一方で、環境（非共有環境）の与え方や育て方が適当であっても、開放性や誠実性などを向上させるのはそう容易ではない、ということである。そして、その中間にあるのが、神経症的傾向や外向性である。

次に、もう一つの心理学上の特徴・性格に関しての研究である「ＴＣＩ」（気質性格検査）に関することを述べておこう。それらは全部で７要因に区別されている。具体的には、①自己志向、②協調、③報酬依存、④損害回避、⑤自己超越、⑥固執、⑦新奇性追求、である。

このうち遺伝性の強い性格は、新奇性追求、損害回避、報酬依存、固執であり、環境要因が強いのは、自己志向、協調、自己超越となる。これは遺伝と環境の貢献費を０から１で示した結果から得られた事実である。これらに関しては、すべての数字が０・５以下、つまり環境（非共有環境）の貢献がすべて０・５以上を示しているので、平均すると環境のほうが遺伝より少し効果が大きいとされている。

ビッグファイブとＴＣＩの研究成果をまとめて、筆者の得た感想は次の通りである。研究結果からすると、それぞれの個別の性格について、微妙に遺伝と環境の効果の間に差は生じているが、双方ともに０・４前後から０・６前後の範囲内にある。それを大胆にまとめると、遺伝（ないし環境）の影響力が、環境（ないし遺伝）を圧倒するような非認知能力の種類は存在しない、と言える。

非常に細かく見ればその限りではないかもしれないが、大雑把に分類して一般論として述べると、遺伝の果たす役割と環境（育て方）の果たす役割は、それぞれが半々に近い影響力とみなしてよい、ということである。

子どもの育て方、教育の仕方を考える場合は、ここで述べたことを念頭におくとよいだろう。つまり、非認知能力を１００パーセント変えることは、遺伝の効果が必ず存在するので、不可能と考えるべきである。親（自分自身）の性格の特徴を十分に把握して、親から遺伝した優れた点をうまく伸ばすこと、そして親から遺伝したよくない点は、できるだけ子どもによい環境を与え、またよいしつけなり教育を施すなりして改善できるよう導くことが肝要となる、ということである。

環境が悪い影響を及ぼす可能性

本章で見たように、人間は親からの遺伝によって、能力、体力、容姿、性格など、ある程度親に類似した特質を継承する。しかし、それらは育った環境やどのような教育を受けたかによっても大きく左右される。先に述べたように、子どもに良質な教育を施せば、限界はあるものの学力は上昇する、のである。

ここで押さえておかなくてはならないのは、反対にもともと頭のいい人（知能の高い人）であっても、教育が悪ければ成績が悪くなる可能性があるかもしれない。つまり、育て方や環境の与え方によっては、良質に生育せずに悪い方向に育つこともありうる、ということである。

そうだとしたら、その境目はどこにあるのだろうか。親が子どもを良質に育てたいとしたら、どうしたらよいのだろうか。あるいは、どうしたら悪質な子どもに育つのを防ぐことができるのだろうか。次章ではこれらのことに関心を持ちながら、子どもの育て方、教育について考えていきたい。

第3章　幼児教育のコストとリターンを読み解く

子育ての歴史をたどる

ここで一度歴史に眼を向けて、子育てがどのような形で発展してきたかを考えておきたい。なぜなら、それは現代の子育てを考えるのに有用な情報を提供するからである。

そもそも、「生まれた子どもを親が育てる」という慣習は、じつは西洋においても日本においても、近代になってから定着したにすぎない。例えばヨーロッパにおいては、17世紀頃までは子どもは必ずしも母親によって育てられていたのではなく、乳母《うば》に育てられたり、里子に出されたりすることが多かった。あたかも厄介者《やっかいもの》のような扱いであったのは、避妊の術がきわめて不十分で、出産数の多さが子どもを大切に思わせなかったためである。

ところがフランスの歴史学者フィリップ・アリエス（１９１４〜84）の『〈子供〉の誕生――アンシァン・レジーム期の子供と家族生活』（１９８０、原著は１９６０）によれば、その後徐々に子どもが親によって育てられるようになった。なぜかといえば、出生数が少なくなったからであり、それに加えて子どもが学校で教育を受ける時代となって、親がそのための準備を行う必要が出てきたからである、という。

こうした流れに棹《さお》さした重要な書物がある。それは18世紀に出版されたジャン＝ジャック・ルソー（１７１２～78）の『エミール』（１７６２）である。この本の中で、ルソーは特に母親が子育てに果たす役割を重視し、よい子育てをすることでいかに子どもがよく育つかを説いた。

日本においても西洋と似た状況であった。近世以前において、子どもが弱い存在だから大切に育てなければならないという認識はさほどなかった。江戸時代の中・後期になってようやく、まずは武士の世界で子どもをしっかりと育てる必要性が認識され、それがやがて農民などの庶民階級にも浸透するようになったのである。

その背景には、武士を筆頭にして、子ども（特に男の子）が親の職業（農家や商家）を継承する慣習が一般化したことがある。また江戸時代後期には、子どもに読み書きなどの初等教育を与える方式（寺子屋などを含む）がある程度普及したので、初等教育以前の子どもの教育を親が行う必要性が生じ始めた。

いま述べた傾向は、明治維新後に国家によって法律として制度化され、１８９６（明治29）年の民法によって家が日本の家族形態の最小単位になると、家父長制の下で夫と妻、親と子の関係がかなり厳格に規定されるようになった。学校制度はそれに先立つ1872(明治5)年に成立しており、その準備を含めた子育てと教育が、西洋と同じように親の義務とされるようになったのである。

日本人の子育て観はこうしてつくられた

興味深いのは、日本ではそれらがとりわけ母親の役割とみなされたことである。ここには明治時代の「民法」で家父長制が明文化されたことで社会に浸透した「良妻賢母論」の影響も大きい。明治・大正の時代には欧米の思想・哲学・文化が続々と日本に入ってきたが、当時は欧米でも「良妻賢母論」が勢いを持っていた。

「良妻賢母論」の主旨は、女性はよき妻として夫に従い、母となってからは子どもの生育に寄与すべきという形で、その役割を規定するものであった。これは当然、外に出て一生懸命に働き、一家を経済的に支えるのが男性の役割だという考え方と密接に関連している。

もっとも戦前の日本は貧乏だったので、多くの母親は働いていて、良妻賢母を実行できる専業主婦の数は限られていた。「良妻賢母論」は実際には絵に描いた餅にすぎず、所得の高い富裕層だけが実現していた、と理解するのが現実的である。

だが、日本では戦後の高度成長期あたりから経済が強くなり、賃金・所得の増加が起こった。その結果、夫一人だけの収入によって家計をまがりなりにも運営できるようになり、以前の貧乏だった時代と比べて、妻は働かなくてもよい時代になった。

妻・母・勤労という三重の負担、ときには夫の親の介護を加えた四重の負担を強いられていた既婚女性にとって、勤労からの解放がいいことであったか、あるいは不幸なことであったかという判断は難しい。しかし、自由な時間ができたために子育てに熱心になりすぎて、ひたすら子どもの尻を叩いて勉強をさせる「教育ママ」たちが、この時期に出現したのは事実である。

特に夫の学歴が高くなく、学歴社会の中で出世のできない夫の妻が「教育ママ」になった。折しも「受験戦争」の始まろうとしていた頃の社会現象であった。子ども（特に男の子）の成績を上げて、できるだけ名門高、名門大に進学させたいというのが、多くの母親の願いだったのである。

「3歳児神話」とその後

その後、女性の教育水準が高くなり、男性から経済的に独立したいという希望と、労働者としての価値が高まり賃金が高くなったことで、女性が専業主婦ではなく社会に出て働く風潮が高まっていった。女性が、子どもが乳幼児のときに子育てに専念できなくなる時代がやってきたのである。

にもかかわらず、日本では母親は外で働かずに育児に専念せよ、という思想は根強かった。その根拠の一つとなったのが、いわゆる「3歳児神話」である。「3歳児神話」とは、子どもの生育にとって大切なのは、生まれてから3歳までの期間であるというものである。

戦後しばらく経ってから日本を含め世界において論争となり、特に乳幼児の脳の発達への関心から、医学者、発達心理学者、そして教育学者などが論争に参加した。このとき日本で特徴的だったのは、子育てがおろそかになって子どもの生育にマイナスであるとの理由から、子どもが乳幼児のうちは母親は働かないほうが好ましい、という論争にまで発展したことである。

まず医学・心理学の分野から、孤児になったり、家族に冷たく育てられたりした子どもに、愛情不足によって心理学上の欠陥が発生したという主張がなされた。これに関しては、ピアソン（２０１７）が有用である。この主張は「愛着理論」と呼ばれ、一定程度の支持を得たが、批判も受けた。特に親がおらず孤児院で育てられた乳幼児の場合、当時の劣悪な施設なり環境が、子どもがうまく育たない主たる原因であり、母親が子育てをしっかり行わないと子どもはうまく育たないという主張とは無関係である、というのが批判の趣旨であった。

その後も論争は続き、現時点では質の高い保育を受けている子どもは、母親だけで育てられた子どもよりも、わずかではあるが認知能力（知能のこと）や非認知能力において優れていることがわかっている。これは誰が子育てをするかよりも、どのように子育てをするかのほうがより大切であることを示唆している。

また最近の脳科学の発展によって、乳幼児の脳の発達過程も徐々に明らかになりつつある。例えば、豊かな環境で適当な刺激（おもちゃが与えられる、遊びの場が与えられる、体操をする機会がある、絵本を読み聞かされる、音楽を聞く、といったこと）が与えられた子どもと、そうではない子どもで脳の発達がどう異なるのかを調べると、３歳になるまでに前者が１０

0とすると、後者の発達は80にすぎなかったという研究がある（澤口〔1999〕などを参照）。
しかしこうした脳研究の成果は、母親による子育てが大切であるとする学派と、そうでないとする学派の双方が、自らの主張に都合の良い根拠として用いることができる。すなわち、豊かな環境が重要であるのなら、家に母親が常にいてそれを与えるのでもいいし、保育を母親以外の人が行って与えるのでもいい、ということにもなるからである。

子育てと教育の国際比較

それではこうした論争を経て、現在の日本はどのような社会になったか。母親と父親の家庭における役割について、外国との比較から見てみよう。図3-1は私たちにとって興味深い6ヶ国（日本を含む、韓国、タイ、アメリカ、フランス、スウェーデン）における、子育ての父母分担を示したものである。

補足すると、韓国は東アジアの国として日本と共通点が多く、タイはアジアであるけれど南アジアの国なので、文化や観念が東アジアとは異なる。アメリカは自立と競争を重視する国、フランスとスウェーデンは自由な国ながら福祉重視で、男女平等意識の強い国で

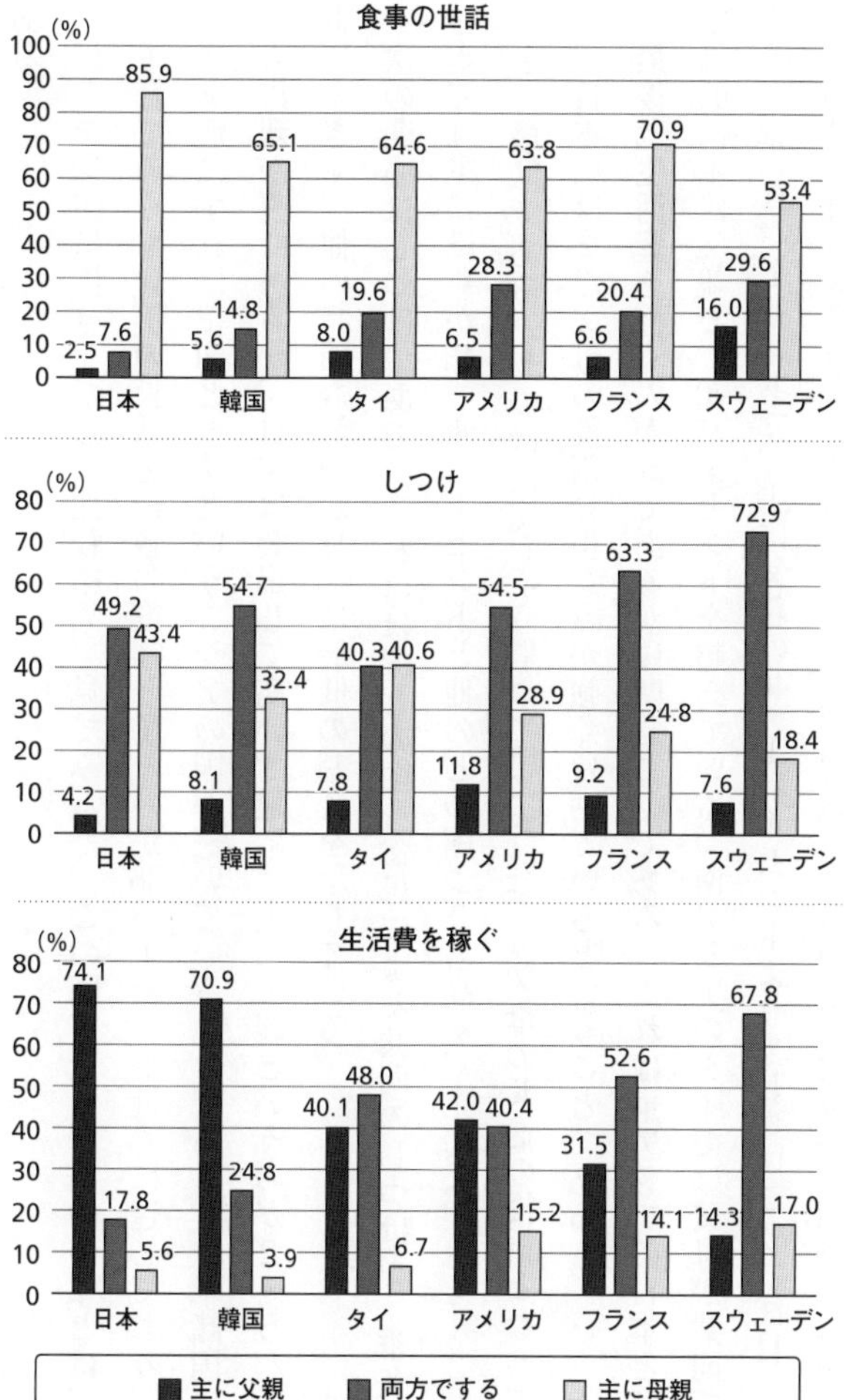

図3–1　子育てにおける分担

出所：牧野・渡辺・船橋・中野編著の中の牧野（2010）

ある。

以上を念頭に置きながら、比較結果を見てみると、この図で最も印象的なことは、日本で子育てのうち食事の世話を母親の役割とするのが86パーセント近くに達しており、フランスを別にすれば韓国とタイというアジアの国が続いていることである。欧米諸国においても母親が主であるが、日本は突出して高い。逆に、主に父親というのが2・5パーセントにすぎず、他の諸国も低いが日本は最低の割合を示している。

次の関心はしつけである。これはほぼどの国も父母による共同のしつけが一番多いが、日本では主に母親が43・4パーセントと他のどの国よりも高く、主に父親は4・2パーセントで最低である。しつけに関してはどの国においても父母の共通の役割となっているが、日本にはまだ父母の役割分担意識が強く残っているということであろう。

最後は生活費を稼ぐのが誰であるかに関して、である。これは東アジアの日本と韓国が圧倒的に主に父親で、70パーセントを超えている。南アジアのタイでは父母が共同でというのが48・0パーセントで、主に父親の40・1パーセントより少し高いことに注目したい。

この結果はアメリカもよく似ており、主に父親とするのと、父母が共同でするがほぼ拮抗していて40パーセント強である。フランスとスウェーデンでは父母が共同というのが第1位であるが、フランスは主に父親というのも31・5パーセントとやや高い。

情けない日本の夫

食事の世話に代表される家事・育児と、所得の稼ぎに代表される勤労の二面から男女の役割分担を国ごとに順序付けしてみよう。分担意識の強い国から弱い国の順に並べると、日本→韓国→タイ→アメリカ→フランス→スウェーデンの順になろうか。すなわち、日本が一番、性別役割分担意識の強い国となる。

ただし、子どものしつけに関しては、父母の両方でやるというのが50パーセント近くに達しているので、性別役割分担意識の強い日本とて、子育てのすべてから父親が遠ざかっているのではない。しかし、しつけも主に母親が43・4パーセントになっているので、日本では父親が子育てからかなり逃げていると言われても仕方ないだろう。

さらに別のデータ(図3-2)からも、日本人の子育てと家事に関して父親がどれだけ関与しているかを国際比較してみよう。この図によると、やはり日本の父親はどの国よりも子

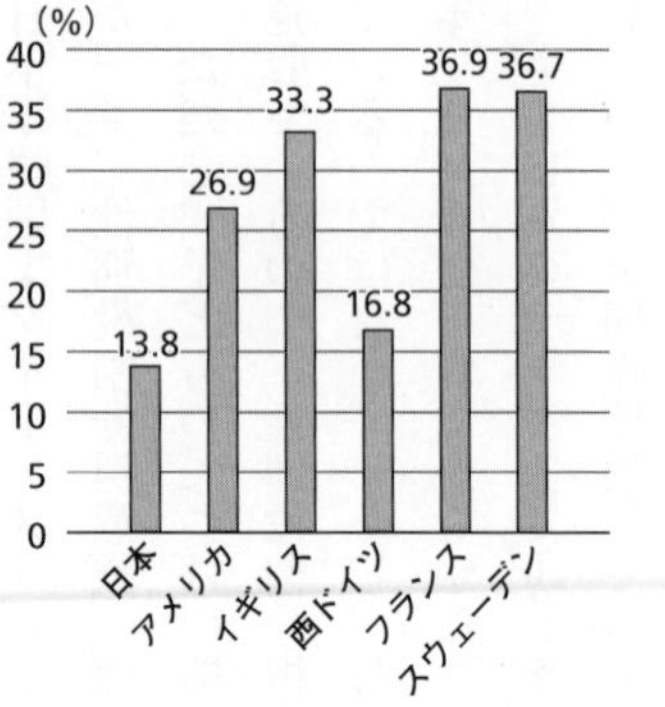

図3–2　夫の家事・家族ケア分担率（50%以上）の分布　出所：http://www.issp.org/

育て・家事に関与していない。夫の家事・家族ケア分担率が50パーセント以上は13・8パーセントにすぎず、どの国よりもかなり低いのである。先ほどの図と同じように、フランスとスウェーデンが36パーセント台と非常に高いことにも注目したい。

ここには挙げていないが、日本は、家事・家族ケア分担率が10パーセント未満（つまり、ほとんどしないということ）の夫が20パーセント近くに達しており、これは他の諸国ではゼロに近い。重要なことは、この調査は共働きしている夫婦が標本なので、本来ならば父親も子育てにかなりコミットせねばならない立場にいる、ということである。子育て・家事をほとんどしない夫が、共働き夫婦にかなりいるのだから、妻がどれほど苦労しているかが想像できよう。

もし専業主婦であれば、家に四六時中いるのであるから、家事・家族ケアに妻のウェイトが高くなるのは、ある程度理解はできる。その意味で興味深いのは西ドイツ(統一後のドイツであるにもかかわらず西ドイツとされているのは、多分地域として旧西ドイツの人々が標本なのであろう)である。

家事・家族ケア分担率50パーセント以上の夫の比率が16・8パーセントと低く、日本と大差がない。もっとも10パーセント未満の夫はゼロに近いので、日本の夫ほどの情けなさはない。西ドイツが日本の姿にやや近いのは、過去の日本のように妻がそれほど外部で働かず、専業主婦の数が他の欧米諸国より多かった歴史的経緯の名残と言える。

父親がかかわることがなぜ大切か

このように家事・育児に協力しない日本の夫の悪名ぶりはよく知られており、かつ深刻である。だが夫からは、企業で猛烈に夜遅くまで働いているので家庭にいる時間がないのだ、との言い訳が聞こえてきそうである。

しかし、そんなことを言っていられない研究があるのを紹介しておきたい。父親の存在が子ども(特に男の子)の教育達成に与える影響としては、橘木・八木(２００９)で父親が大学卒という高学歴であれば、一般にレベルの高い専門職・管理職に就いている可能性が高く、子どもの教育も高くあってほしいという強い願望から学習方法や進路に関して父親が厳しく指導していることを示した。

あるいはすでに論じた遺伝の話題になるが、金子（2004）によると、父親が大卒の場合には父親の能力が高い確率が高いので、子どもが生まれつき高い能力を持っている可能性があると指摘されている。母親の能力が明らかでない限り確実なことは言えないが、父親の能力が子どもの能力に遺伝している可能性が示されている。

また橘木・松浦（2009）は、父親が大卒の理系専攻者であれば、息子も理系の大学に進学する可能性が高いことを示している。これも父親の特質が男の子に遺伝として継承されたものとみなせるだろう。

さらに子育てにおける父親の存在が、母親に与える影響も小さくない。これに関しては、柏木・若松（1994）が興味深い報告をしているので、図3-3で見ておこう。

この図は、「保育園に送り迎えをすることがあるか」「夜中にこどもが『おしっこ』といったときについて行くか」「離乳食を食べさせたことがあるか」「本を読んであげるか」と

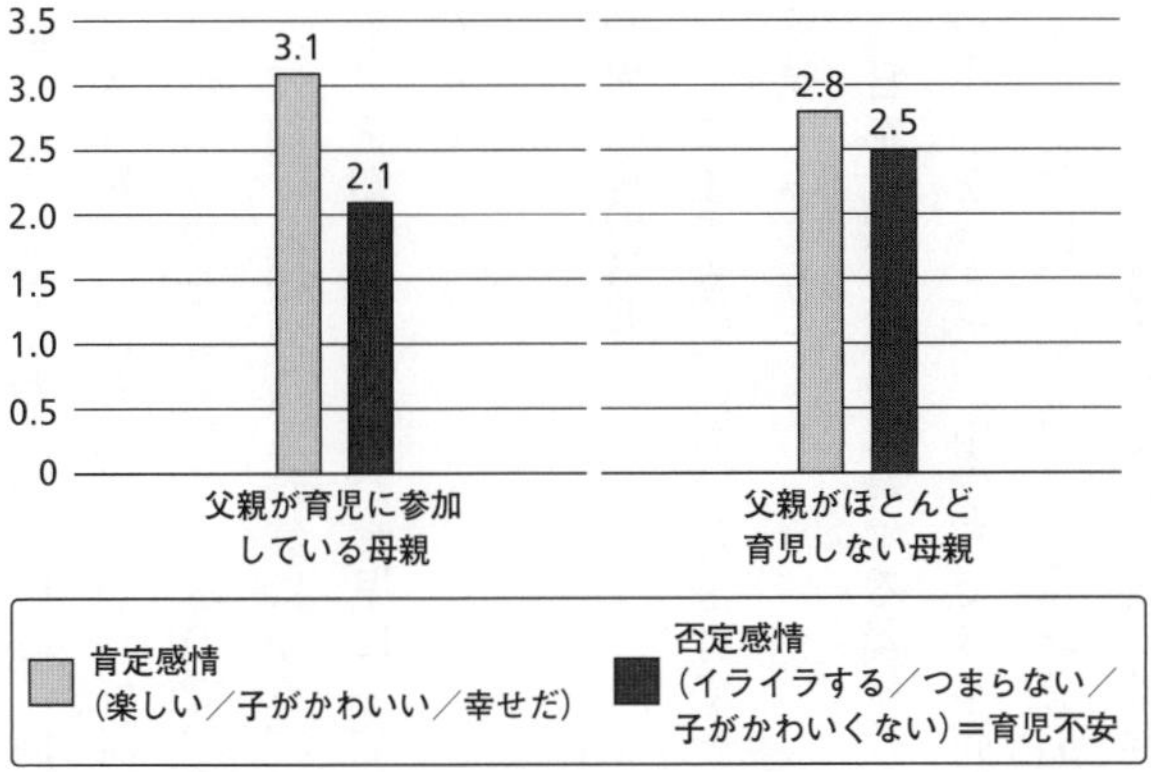

図3–3　父親の育児参加が母親の感情に与える影響
出所：柏木、若松 (1994)

いった質問をして、育児をまったくしない父親と、よくする父親を同数抽出し、それぞれに母親(妻)の気持ちを問うて得た回答をまとめたものである。

　この図からは母親の育児不安が高いのは、育児参加のない父親のケースだということがわかる。不安を抱えながらの母親一人での子育ては、育児自体にいくつかの問題を与えかねない。例えば、時間が足りなくて不十分なことしかできないとか、思い込みのために一人よがりの子育てになりかねないとかが考えられる。

　筆者の危惧は次のようなものである。橘木・八木(2009)、橘木・松浦(2009)によると、母親と娘、父親と息子は、それぞれが密接な関係にあることがわかっている。同性同士なので相手のことがよくわかるし、問題の起きたときも対処の仕方を考えつく可能性が高い、というわけである。

娘は母親をよく見ているので、母親のようになりたいと思いがちであるし、母親もなにかにつけて娘のことが気になる。同じことは父親と息子の間にも存在している。こういう事実を知ると、父親が育児に参加しないために息子に間違った子育てをしてしまう可能性が考えられる。

幼児教育の目的

ここまで家庭における子育てを中心に論じてきたが、家庭外の幼児教育についても詳しく見てみよう。

日本では全国民に対する義務教育として、満6歳から小学校に通い始め、6年間の小学校生活を終えて、中学校で3年間過ごす、という合計9年間が設定されている。戦前の日本であれば、親(あるいは保護者)が子どもに教育を施す義務があるとされていたが、戦後の新憲法ではすべての国民に就学の義務があるとされ、国民から見れば権利と考えてよいとされた。

幼児教育とは、この義務教育を受ける前の段階にいる子ども(幼児)に、何らかの教育——学業に限らず、遊び方、行儀、しつけなどを含む全体的な教育——を施すものである。最近では幼児教育を行う幼稚園や保育園において、文字や算数、はては英語まで教えるところがある。

一般に日本では学業は小学校からのスタートと考えられているが、諸外国においては幼児教育で学業を教えている国がある。代表的には、アメリカの「ヘッド・スタート」と称される制度で、これについては後に解説する。とはいえ幼児教育の本来の目的は学業を教えたり、学ばせたりすることにあるのではなく、小学校で学業をうまく学べるように、スムーズな橋渡しをすることにある。

すなわち、小学校に入学してから勉強に熱心に取り組めるよう、精神的そして肉体的な準備を施すのが目的と考えてよい。さらに、幼児期は人間としての性格や生活の仕方の初期形成期でもあるので、学業以外のことを多く教え、学ばせるのが望ましい。

例えば、他人との良好な付き合い方、リーダーシップの養成、人に迷惑を掛けない生き方、思いやりのある人になるための心と術など、性格に関しても多数の学ぶべきことがある。生活に関しても、食事、排せつ、衣服の着脱の仕方、行儀のあり方などさまざまなことを、できるだけ一人で行えるようにするための訓練が必要である。

以上を踏まえ、幼児教育の目的を三つにまとめると、①小学校教育にスムーズに入るための準備、②人間としての好ましい性格形成、③一人で日常生活ができるための訓練と指導、となる。

フレーベルが説いた幼児教育の神髄

現代では、今述べたような性格を持つ幼児教育が大切であることは常識である。幼児教育を義務化すべきとか、小学校への入学年齢を早めるべし、との声もあるほどである。

こうした幼児教育の重要性を早い時期に説いた人物としては、幼児教育の祖と称されるドイツの教育学者フリードリッヒ・フレーベル（1782〜1852）が挙げられる。フレーベルは彼の著作である『人間の教育』（1826）に記しているように、教師が指導を行い、生徒がそれに従って勉学やしつけを学ぶ、という方法を好まなかった。幼児が命令されることなく、また義務として学ぶのではなく、自分の意思でやりたいことを進んで行うような育て方を推奨したのである。

　そして、そのための場として設立したのが、世界初の幼稚園である「一般ドイツキンダーガルテン」であった。フレーベルはそこで「遊び」を通じて人間社会や自然界のあり方を学ぶ、幼児教育の実践を行った。積木や木製の遊具を中心とした恩物《おんぶつ》（教材）を作成して与え、子どもが自分の発想でそれらをいろいろ工夫して模様替えをしたり、組み合わせたりするなど自由にさせた。

　遊び方やつくり方を上から押しつけたり強制したりするのではなく、子どもの思い通りにさせる教育を行ったということである。さらに園庭の中で子どもが自由に遊ぶことができるように、庭づくりも提唱した。これが幼稚〝園〟と称される所以でもある。このような遊びを中心にした活動によって、フレーベルは子どもの自発性や創造性を育もうとした。

　日本において幼児教育の重要性を説いた人物としては、児童心理学者の倉橋惣三《くらはしそうぞう》（１８８２～１９５５）がおり、日本のフレーベルとも称される。倉橋惣三はフレーベルの思想に影響を受け、「誘導保育」という考え方を提唱したことで知られる。誘導保育、すなわち自発的に伸びようとしている子どもに、より自主的に行動できるような環境を与え、見守ることこそ、幼児教育の神髄であるとしたのである。

幼児教育と学校教育の違い

学校教育に入る前の段階であることを考えると、これらの教育方針に違和感はない。しかし、小学校以降の学校教育においても、子どもの自発性ばかりを重視していては、学業をうまく吸収できない可能性がある。

学問というのは読み、書き、算数から出発して、段階的にその程度を発展させていく過程である。基礎学力が足りないまま上級の学問を学ぼうとすると、理解不足になる可能性が高い。基礎学力不足を補うためには、教師や親が半強制的に子どもに教え込まねばならないこともあるだろう。

筆者が何を言いたいのかと言えば、学業を子どもの自由な取り組みにばかり任せておけば、能力がやや足りない生徒や、勉強しない生徒など、さまざまな理由で基礎学力を保持できない子どもの出現がありうるので、ある程度半強制的に教えることが必要である、ということである。ここに幼児教育と学校教育の違いがあると言えようか。

もちろん幼稚園においても、読み、書き、算数、ときには英語までを教えることを義務化したほうがよい、との声があることは承知している。換言すれば、6歳ではなく4歳ないし5歳から初等教育を始めるべき、との声である。かなり若い年齢から学業に入ったほうが、子どもの学力を高めるのに役立つという発想からの主張であろう。

しかし、筆者はこの案には賛成しない。なぜならフレーベルが言うように、自由な遊びを中心にした幼児教育を行うほうが、子どもの成長にとって好ましいと考えるからである。そして学業を含めたあれやこれやは、小学校からの義務教育でしっかり行えばいいのではないだろうか。もちろん、これはただ思いつきで述べているのではない。興味深い研究結果が示されているので、次で紹介しよう。

しつけ方次第で子どもの学力は変わる

フレーベルは幼児教育のやり方として、しつけを厳しくして強制的に子どもを育てるよりも、自由にのびのびと育てるほうが望ましいとした。日本においてこれに関する実証研究がなされている。

第一の研究例は、幼稚園や保育園において指導を積極的に行う場合、つまり読み、書き、算数、体育などの普通は小学校に入学してから行う教育を、「先取り教育」として幼稚園や保育園で行う場合と、そういうことをやらずに「遊び」を中心にして自由に時間を過ごさせる場合の二つを比較したものである。内田（２０１２）は前者を「一斉保育」、後者を「自由保育」と称して、それぞれの幼児が小学校に入学してからの学力を比較した。その結果が図3-4に示されている。

この研究によると、書き得点は3歳児から5歳児まで、「自由保育」と「一斉保育」の間でほとんど差がない。同じことは読み得点に関しても言える。もっとも差が表れたのは語彙得点であり、「自由保育」のほうが「一斉保育」よりもかなり高い成績を示している。これを受けて内田（２０１２）は、「自由保育」のほうが「一斉保育」よりも子どもの学力をより高める可能性がある、と結論づけている。

もう一つの研究例は、子どもを育てる親の姿勢として、「共有型しつけ」と「強制的しつけ」のどちらが好ましいかを調べたものである。ここで言う「共有型しつけ」とは、親子のふれあいを大切にした、子どもに楽しみながら経験を積ませるようなしつけの仕方であり、「強制型しつけ」は、子どもに厳しく接し、悪いことをしたり言うことをきかなかったりする子どもには、ひっぱたくなどの仕打ちをためらわないしつけの仕方である。これまで「共有型しつけ」は高所得者層のしつけに多いと報告されてきた。

　これら二つのしつけを受けた両グループの子どもへの影響を比較したときの結果を示したのが、図3-5である。これによると、「共有型しつけ」を受けた子どものほうが、「強

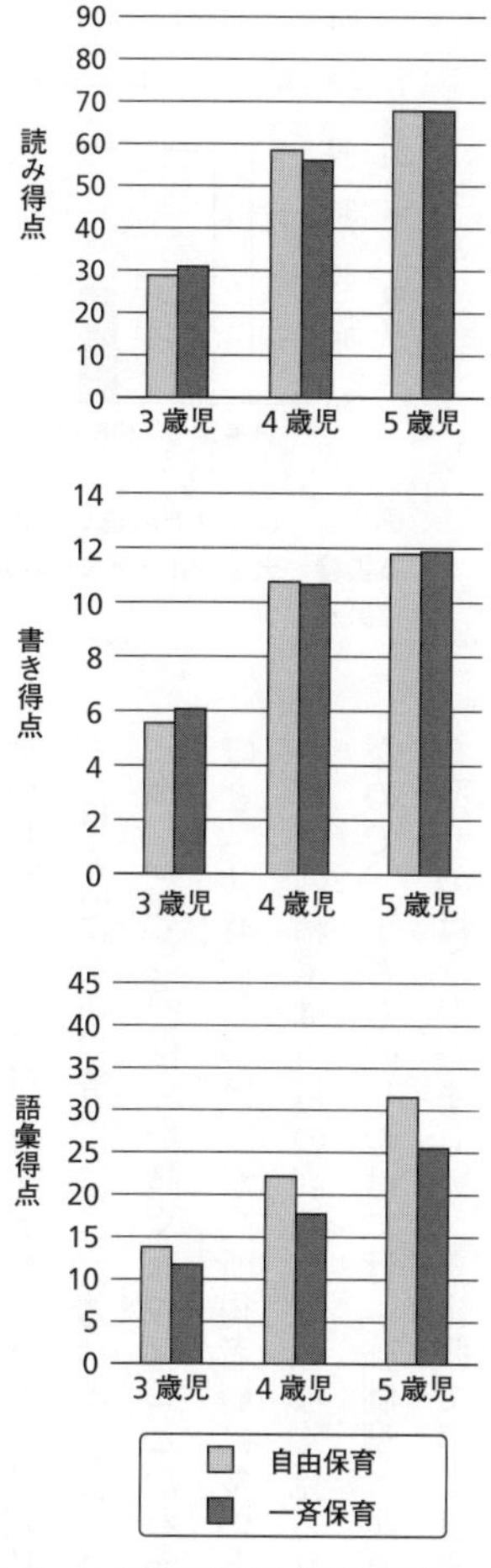

図3–4　保育形態による学力の差
出所：内田（2012）

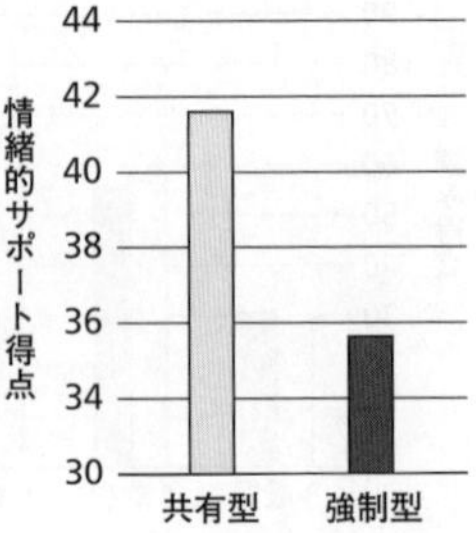

図3–5　しつけ方の違いによる影響　出所：内田・齋藤・菱山（2012）

制型しつけ」を受けた子どもよりも、情緒的サポート（積極的に問題の解決にあたれる状態にしてくれていると感じること）の得点が高くなったことがわかる。先ほど「共有型しつけ」が高所得者層に多いと述べたが、この結果は所得の高低に関係なく見られたことなので、子どものしつけには「強制型」よりも「共有型」のほうが好ましい、と主張できる証拠になりうる結果である。

なお内田は、これらの子どもの標本に対して、小学校1年次の最後のときに「PISA」（OECDが進めている生徒の学習到達度調査）型のテストを受けてもらい、その結果を検証した。その結果、幼児期に語彙力が豊富だった子どもは、国語能力もまた高かった。ここからも幼児の教育の仕方、あるいはしつけの仕方として、楽しく自由に育てる「共有型」のほうが、厳しく育てる「強制型」よりも、小学校低学年において学力の高い子どもに育つ可能性が高くなる、という結論が導きだせるだろう。

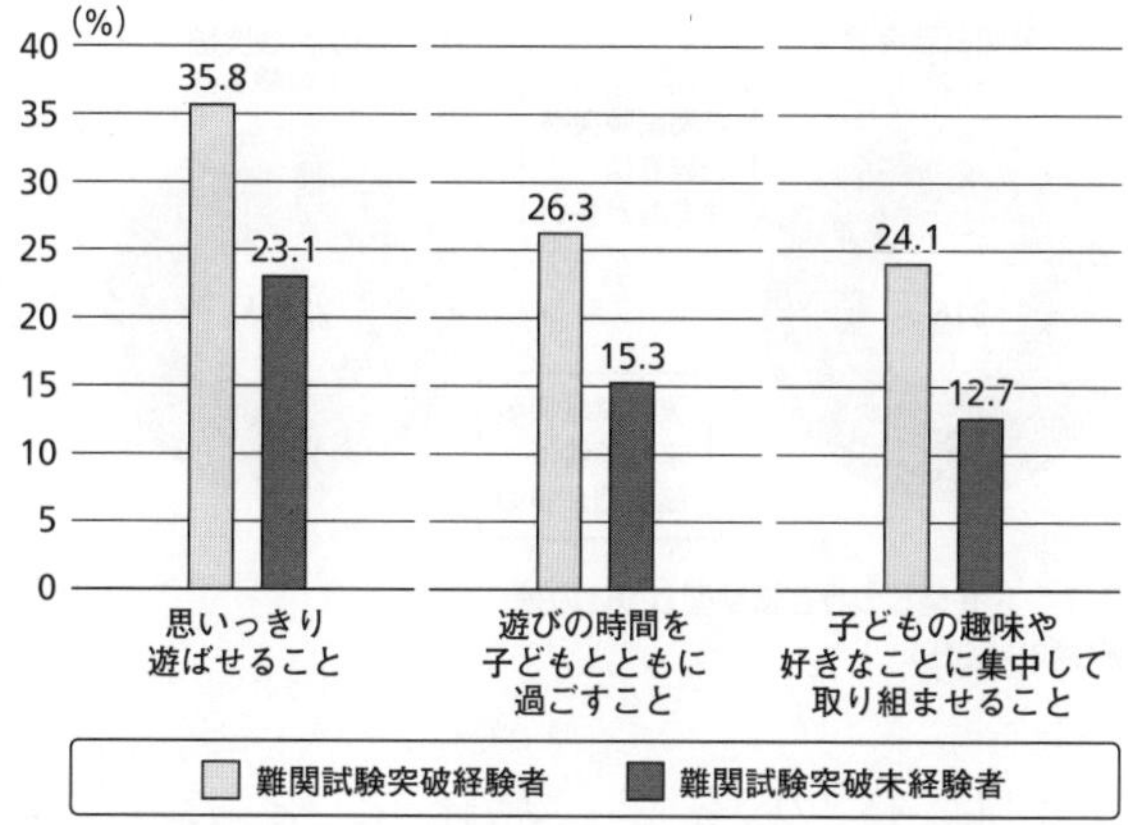

図3–6　親が子どもの小学校就学前に意識的に取り組んでいたこと
出所：内田（2015）

難関試験を突破するための子どものしつけ方

幼児教育は、押しつけによる「強制型」ではなく、子どもの自由に任せる「共有型」が好ましいと主張するもう一つの根拠がある。それは難関大学（受験の偏差値が68以上というかなり入学が困難な大学）を卒業し、かつ司法試験、国家公務員試験、医師国家試験などの難関試験の突破を経験した人と、そうでない人の間で、子ども時代の教育・しつけがどう異なっていたかという調査である。

図3-6と図3-7は、前者が親が子どもの小学校就学前に意識的に取り組んでいたことを、後者が親のしつけの仕方として「共有型」だったか、「強制型」だったかを示して

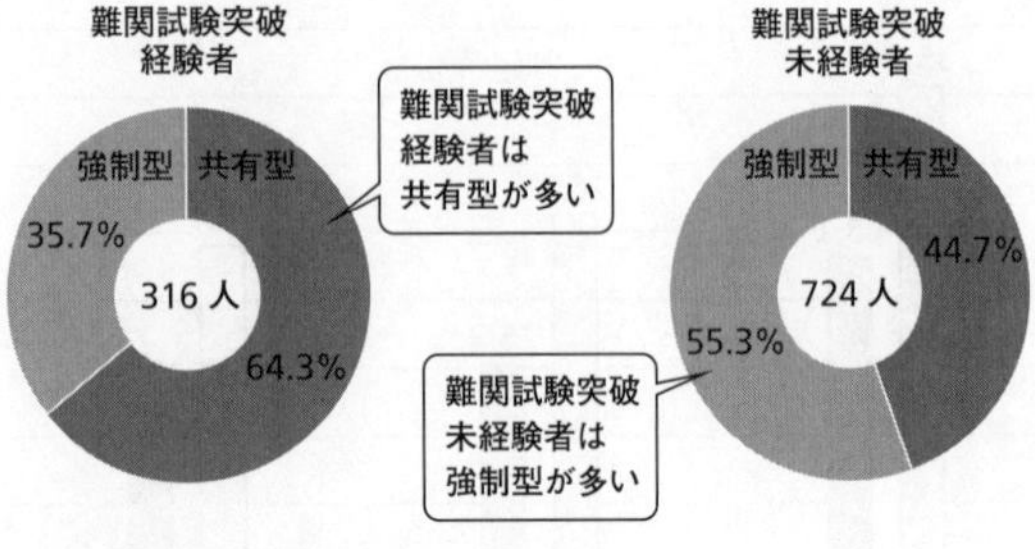

図3–7　共有型しつけと強制型しつけの差
出所：内田（2015）

いる。

図3-6からわかるように、難関試験の突破を経験した人は、親が「思いっきり遊ばせていた」「遊びの時間を子どもとともに過ごした」「子どもの趣味や好きなことに集中して取り組ませた」という回答が、明らかに未経験者よりも多い。その差は1・5倍から2倍近くにまで達しているので、かなり大きな差である。

図3-7の「共有型」か「強制型」か、という違いにも注目してみよう。この図で明らかなように「共有型」のほうが、難関大学に進学する確率が高いし、困難な資格試験に合格する確率もかなり高い。逆に「強制型」は、進学や試験に関して好ましい結果を生んでいないことがわかる。

「共有型」の定義を考えれば、これらの調査はほとんど同じことを示している。つまり、子どもの自由を尊重し、趣味や好きなことに集中させて、ときには親も一緒に参加する、というしつけの仕方のほうが、子どもの学力を高めたり、困難な試験に合格できる素養を子どもに与えたりする効果が高いということである。

もしかすると、読者の方はここで次のような疑問を持ったかもしれない。日本では名門校、名門大学に進学するのに、小学校・中学校時代から塾に通って勉強するのが一般的だが、それは「共有型」か「強制型」か、と。

先の調査はあくまでも小学校就学前からのものなのではっきりとは言えないが、塾に通うか通わないかの選択は、あくまでも子どもの自主性に任せておくべきで、強制的に塾に通わせると成功しない確率が高いという解釈はできるかもしれない。当然のことながら、子ども自らが塾に行きたいと思えば、勉強に励む程度は強いだろうが、強制的に行かせたのであれば、嫌々ながらの勉強になるため、勉強に集中できず、効果があがりにくいと考えられるからである。

幼児教育の効果はいかほどか

幼児教育の効果は認知能力だけではなく、非認知能力にも及ぶ。そのことを示した人物に、アメリカのノーベル経済学賞受賞者であるジェームズ・ヘックマン（１９４４〜）がいる。幼児教育がその後の学校教育よりも重要であると積極的に主張し、有益な実証研究を数多く提出してきた経済学界の巨人である。

彼の研究の代表的なものとしては、図3-8に示したように、教育投資の収益率（教育にかけた費用に対して将来どれだけの所得を稼ぐ人物になれるか）は年齢の若い時期においてもっとも高く、年齢が重なるにつれて低下するというものが挙げられる。特に子どもが生まれる前が最も収益率が高いという事実は、衝撃的にすら感じられる。

例えば、アメリカの有名な「ペリー幼稚園プログラム」によれば、3〜4歳の教育投資の収益率は、7〜10パーセントに達するという。このプログラムでは、アメリカにおいてランダムに選ばれたアフリカ系の貧困家庭の3〜4歳の子ども58名に対して、毎日午前中に読み書きや歌唱の訓練を行い、午後は週1回の家庭訪問を行った。そして同じ境遇でありながらプログラムに参加しなかった65名の子どもとともに、その後40年にわたる追跡を

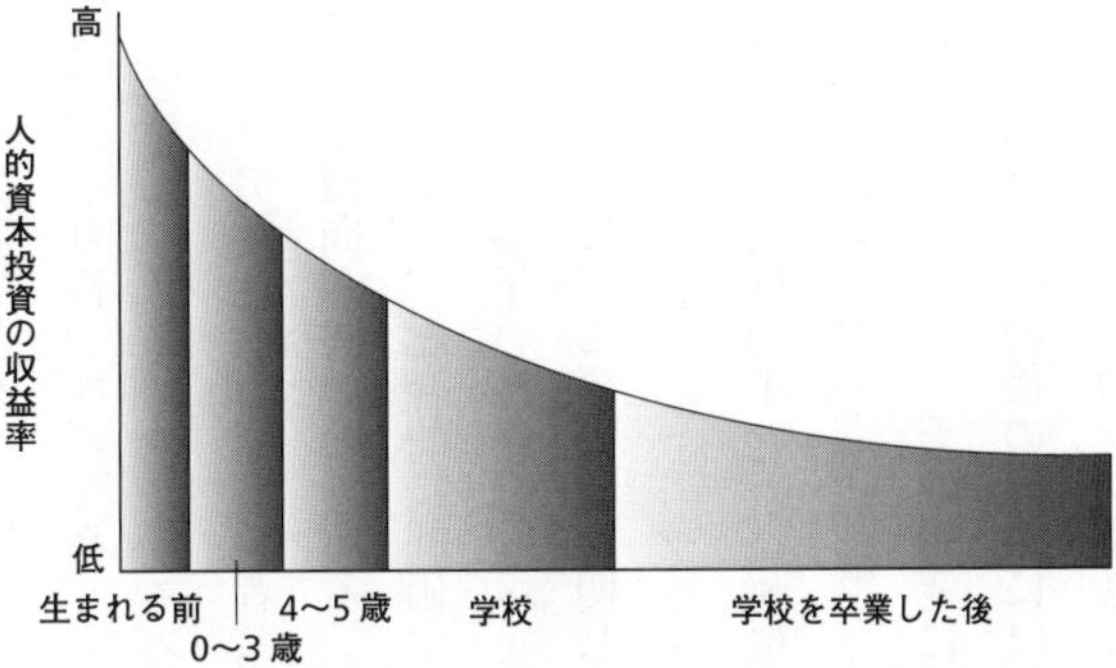

注１　縦軸は人的資本投資の収益率を表し、横軸は子どもの年齢を表す
注２　生まれる前の人的資本への投資は、母親の健康や栄養などに対しての支出を指す

図3–8　人的資本投資の収益率　出所：Heckman and Krueger (2004)

行って比較した。その結果、プログラムに参加した人はＩＱ、学歴、職業、所得などに関して、しなかった人に比べて恵まれた人生を送ったことが明らかになったのである。

この研究のポイントは、人々の知能や学力といった認知能力のみならず、非認知能力の効果をも計測して示したことにある。具体的には、高い非認知能力が知能や学力といった認知能力を高めるのにもつながっていることを証明した。特に幼児期に勤勉性や意欲の強さ、計画力、協調性を高めることにつながったという。

これらは小学校以降の成績に良好な効果をもたらす。そして学業成績が上がれば、名門大学に進学できる可能性は高まるし、大学のみならず社会でもいい職業に就ける確率も高まり、より高い所得を稼ぐようになる。

ただし、筆者がヘックマンの見解に少し不満を感じる点があるので、それを述べておきたい。アメリカの経済学者にありがちなのだが、教育の効果を所得の稼得能力の高低で評価する傾向が強いのである。しかし、教育の効果をこのように金銭的な面だけで評価するのではなく、総合的に評価する姿勢がもう少しぐらいあってもいいのではないか（もっとも資本主義の盟主であるアメリカの研究者が、金銭的効果に注目するのはやむを得ないかもしれないが）。

ちなみに、この実験に関しては、標本数が少なく断定はできないのではないかという懸念もある。じつはこのプログラムの精神に則《のっと》って、アメリカでは１００万人以上もの恵まれない家庭の子どもに無償で保育の場所を提供して学習をさせる「ヘッド・スタート」計画（低所得者層の3～4歳の子どもにアルファベットや数字などを教える初期幼児教育のこと）というものがある。その研究によると、学力が向上したのは小学校に入学した最初の年度だけであり、その後の成績にほとんど影響は見られなかったという、マレー、デミング、アルマゴール等のコメント論文がある。詳しくはヘックマン（２０１５）を参照されたい。

「ヘッド・スタート」に関しては、その他の研究もあまり成果があがらなかったとするものが多い。しかし筆者としては、スタート時点においてハンディキャップのある人ができるだけ高い教育を受け、高い収入を得られる職業に就ける可能性を開きうる幼児教育政策は、少なくとも機会の平等の観点から賛成である。

だが、稼得能力の高低が幸福な人生を送れるかどうかとイコールであるかは別の問題であるし、仮に高い収入を得られなくとも楽しい家族生活を送ることができることのほうが、人生において重要ではないか、ということは繰り返し強調しておきたい。

幼稚園か保育園かという問題

以上で、幼児教育の重要性についてはわかっていただけたかと思うが、現実的に考えたとき、日本には不幸なことに二つの組織がある。それは幼稚園と保育園（保育所）である。

この両者の管轄はそれぞれ文部科学省と厚生労働省であり、分立しているのは好ましくないとして統合が図られたこともあるが、なかなか成功していない。妥協の産物として「認定こども園」という第三の施設ができたが、まだそれほど数は多くない。いずれにしても、子どもを幼稚園に入れるか、保育園に入れるかは、親にとって大きな選択である。特に保護者にとっての関心は、設立母体と費用の面であろう。就学前の幼児は幼稚園ないし保育園に通うのであるが、小学校以上を学校教育法による公式な学校と認識すれば、幼稚園・保育園は学校外教育となる。

もっとも幼稚園は学校教育法の規定の中で３歳から小学校入学までの３年間の幼児教育と位置づけられているし、管轄も文部科学省なので厳密には学校教育の一環とみなせる。一方の保育園は両親が働いているか、一人親で子どもの養育ができないなどの場合のための児童施設であり、管轄は厚生労働省である。親が働いていれば０歳児から保育園に預けることができる。

まず両者の設立母体（公立か私立か）に注目してみよう。図３-９はそれぞれの人数について設立母体の比率を示したものである。保育園については、公立が37パーセント、私立が63パーセントとなっている。２００４年までは公立の人数のほうが多かったが、２００５年から私立が上回っている。一方の幼稚園は公立が17パーセント程度にすぎず、私立が83パーセントと圧倒的である。

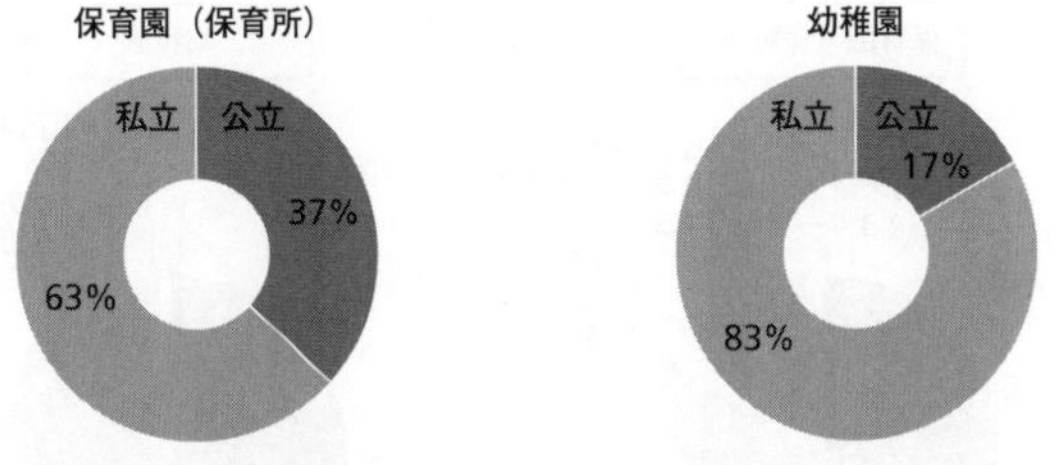

図3–9　保育園と幼稚園の在籍人数比率

出所：保育園は厚生労働省『厚生労働白書』（平成28年度版）より、幼稚園は文部科学省『学校基本調査』（平成28年度版）より作成

次に関心の高い費用面を見てみよう。図3–10は保育園と幼稚園の月額の費用の分布を示したものである。保育園に注目すると月額3万円以上4万円未満が26・1パーセントともっとも多く、次いで2万円以上3万円未満が20・4パーセント、5万円以上が20・3パーセント、4万円以上5万円未満が17・4パーセントとなっている。およその見当になるが、安い自治体で2万円程度、多少高い場合は3万円程度、自治体によっては4万円、5万円を超すところもかなりある。どの自治体の保育園に預けるかでずいぶん額が変わってくるということである。

幼稚園も保育園と似た月額である。しかし一般に保育園のほうが幼稚園よりも保育時間が長いので、1時間当たりの単価にすると保育園に割安感がある。これは自治体によっては保育園に補助金を出しているためである。一方、幼

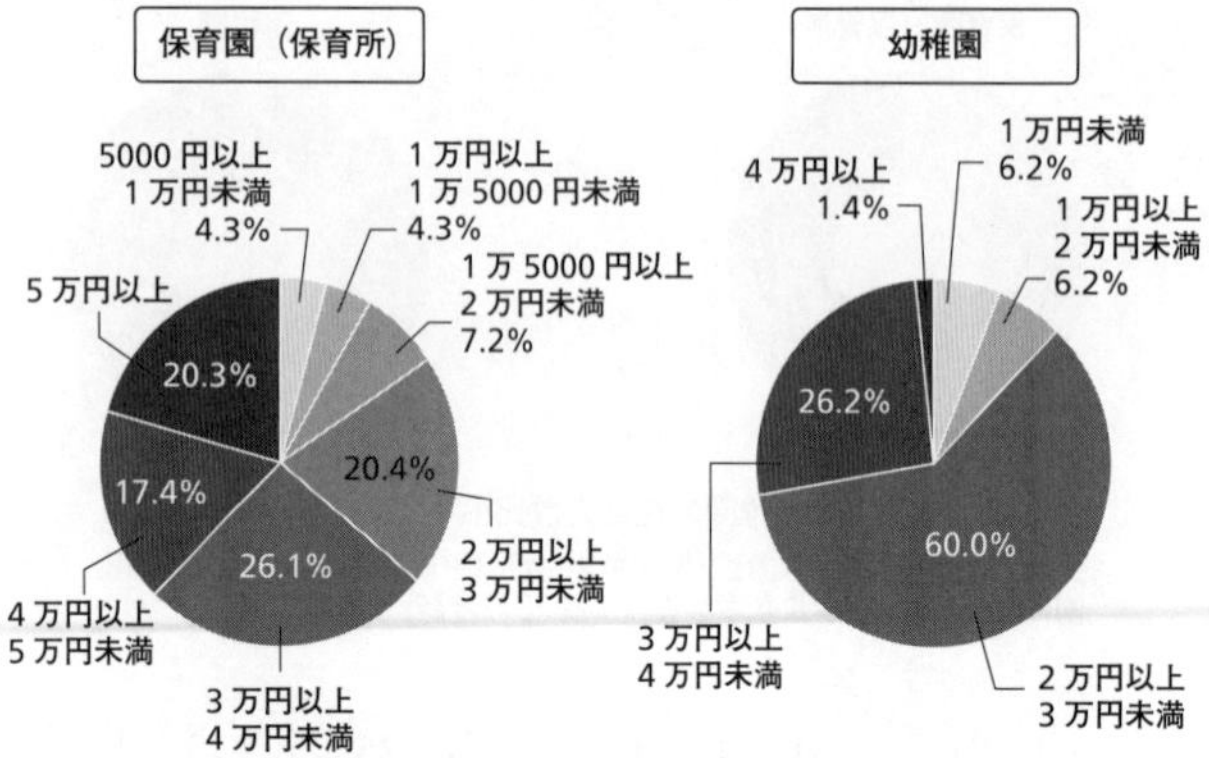

図3–10　保育園の保育料と、幼稚園の月謝
出所：WOMEN'S PARK HP（2013）

稚園は私立が多く、制服、文房具、昼食代、それに発表会費用など、そのほとんどが自己負担になるので保育園よりも費用が多くかかる傾向がある。

教育の質・費用対効果を考える

幼稚園は原則として親のどちらかが働いていない場合（母親が圧倒的に多いが）を対象としているので、時間は短く、昼食の用意も任意であるが、保育園は両親ともに働いている、あるいは一人親であるなどの子どものための施設なので、保育時間は長く、昼食の準備がなされる。

幼稚園に私立が多く、費用も高いと聞けば、保育園よりも周到な幼児教育がなされているのだろうと思われるかもしれない。現に２０１０年、文科省は幼稚園に通っていた子どものほうが保育園に通っていた子どもよりも成績が良い、という報告書を出して物議をかもしたことがある。幼稚園は文科省の管轄なので、バイアスがかかっているのではないかとの意見もあったぐらいである。

しかし、これは単に幼稚園児の家庭環境が上流である場合が多い、という性質の代理にすぎないという反論もあり、よい教育をしていることの証拠にはならなかった。ただし、私立であれば文字・算数、はては英語を教えることもあり、いわゆる「お受験」のための準備をしている幼稚園もあるので、水準の高い教育を行っている幼稚園があるのは事実である。

一方、保育園は0歳児から預かっているので、園児の生活上の支援(例えば食事のとり方、トイレの仕方、衣服の着方などを教えること)も含まれており、そもそも学業などの教育に傾倒しているものではない。しかし、生活上のことや他人との接し方などを幼いうちから教えるので、自立心が強く、かつ他人とうまくやっていける協調性のある子どもに育つメリットはあるかもしれない。

保育園に関して、もう一つ有益な研究を紹介しておこう。それはYamaguchi, Asai and Kambayashi (2018) に示されるものである。それによると、子どもが保育園に通うと言語能力が高まったり、いろいろな問題を取り除くのに役立ったりするというのである。例えば心理学上のことに関しては、集中力に欠けるとか、過激な行動に出るとか、他人に対して攻撃的になるとか、困った性格上の問題を持つことが、保育園に通うと減少する効果があると示されている。

さらに、保育園に通う子どもへの好ましい効果のみならず、子育てをする母親のストレスを減少させるとか、幸福感を高めるといった効果があるので、親子にとって保育園通いは好ましいのである。この効果は親が貧乏であるなど、恵まれない家庭の子どもに顕著に出現することもわかった。

最後の事実は、保育園に通わせられない家庭においては、公共部門の負担で保育園に通わせるのが望ましいことを暗示している。保育園無償化策（幼稚園、認定こども園の無償化も含む）はこの意味でも正しい政策であると評価できる。

保育園にまつわる金銭的諸問題

共働きの世帯が増加していることもあり、近年は保育園に関する話題あるいは課題が世間をにぎわせることが多い。

第一は、無認可保育園(あるいは認可外保育園)の存在である。認可保育園は児童福祉法が定める基準に合致した保育園であり、国家から認可を受けている。無認可保育園は届出だけですむ施設である。保育士の数が足りないとか、建物・施設が不充分、24時間であったり休日の保育を行うといったように、何らかの理由で認可を得なかった保育園である。ただし認可保育園でもこれらをやっているところはある。

それだけにさまざまな事件などが起きており、危険というイメージがあるが、認可保育園に預けることのできなかった親にとっては、助け舟になっている場合もある。その他に事業所や病院などが独自に持つ保育園も認可外なので、組織や企業がそういう保育園をしっかり運営しているのであれば、あながち危険な施設とは言えない。

ただし認可外であれば、それ以外の問題として、自治体からの施設への補助金がないので、子ども一人当たりの保育費用が高くなる可能性が挙げられる。以下、保育無償化前の

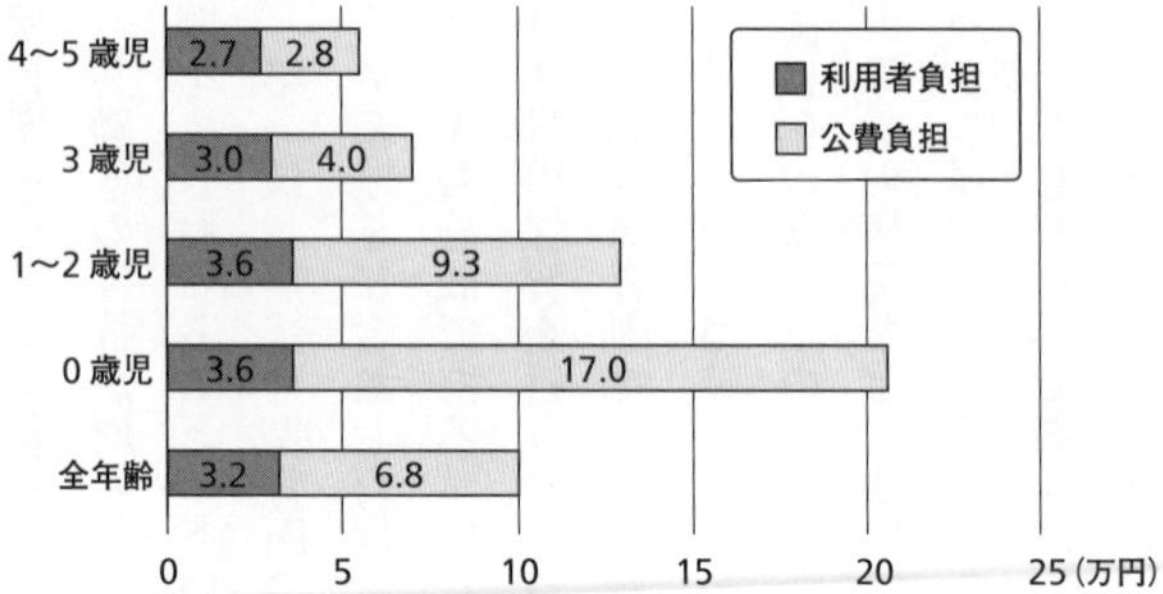

図3-11　認可保育園の平均保育費用（月額）
出所：2017年度財政制度等審議会資料より作成

データで確認してみよう。図３-11は年齢別の認可保育園の平均保育費用を示したものである。全年齢で公費負担額が６万８０００円、利用者負担額が３万２０００円となっている。認可外では月額８万～12万円、24時間保育であれば時には20万円に達するケースもあるとされており、親にとって負担が大きい。しかしどうしても認可保育園が見つからない場合には、認可外を使わなければならないこともあるだろう。

第二、第三も無償化前の話だが、まず第二は、利用者負担額についてである。認可保育園では地方自治体によって補助金の額に差があるので保育料に差が出る。例えば、大阪市の保育料は月額で５万９２００円、福岡市は６万４０００円であるが、東京都の中央区は３万５０００円となっており、大阪市や福岡市は東京都中央区の約2倍近くの差がある。東京都は都道府県の中で唯一の黒字財政であるにもかかわらず、補助金額が低いのは意外である。

これは繰り返すが自治体の補助金額の違いを反映している。自治体の保育への熱心さ、あるいは地方自治体の税収差から生じる問題であるが、「機会の平等」の理念に照らすならば、子どもはどこで育っても同じ費用で保育を受けられるのが公平ではないかと考える。中央政府から税収の少ない自治体への補助金支出増が望まれる。

第三は、保育時の年齢によって保育費用が大きく異なるという事実である。図3-11はそれを如実に物語っている。0歳児は月額20万円（利用者負担3万6000円）ほどであるが、4〜5歳児であれば5万5000円なので、およそ4倍の差がある。0歳児を預けようとすると、年額247万円（利用者負担と公費負担の総額）もかかってしまう。

とはいえ、これにより多くの補助金を支出するのは、巨額になることが予想されるだけに、政府・地方公共団体にとっても容易ではない。松田（2013）、大岡（2014）が主張するように、0歳児は親が育休を取って自宅で保育をする案が妥当であろう。

一方で、これらでは1〜2歳児には集中的に補助金を投入する案が主張されている。数年前のことであるが、待機児童の数を年齢別に見ると、１～２歳児が65パーセント前後で非常に多いためであり、筆者も賛成である。

なお２０１９年の10月から、保育料無償化策が導入されたので、これからの保育環境はよい方向に進むだろう。ただし、０歳から２歳については所得制限があるし、幼稚園では無償となる額に限度があるなど、無償化策は完全なものとは言えない。したがって、ここで示した分析には、まだ価値があると言えよう。

子どもの貧困と「子ども手当」

補助金の話題が出たので「子ども手当」(日本では現在「児童手当」と呼ばれる)についても、話は逸れるが少し触れておきたい。

「子ども手当」とは、政府が一人あるいは複数の子どもを持つ親、ないし保護者に現金給付を行って、子どもが生活に困らず成長していけるよう、あるいは問題なく就学できるように支援を行う制度である。歴史をたどれば、有名な「ベヴァリッジ報告」(ウィリアム・ベヴァリッジが１９４２年に示した社会保障制度拡充のための一連の報告)で提起され、イギリスでは戦後になって導入された。

日本においても１９７２年に導入されたが、支給は限定的で、５歳未満の第３子から月額３０００円であった。いわゆる「福祉元年」（１９７３年）の前年だったが、不十分な制度だったと言わねばなるまい。子育ては親ないし家庭の責任であり、その手当てを国家の負担で行う必要はない、という通念が社会で強かったためである。

この制度はその後名称や内容の二転三転を経て、子どもの貧困が目立つようになると、さすがに０歳から２歳児には月額１万５０００円、３歳から小学校修了まで第１子、第２子は１万円、第３子以降は１万５０００円、そして中学生は１万円を支給することとなった。家計所得による制限はあるものの、当初と比較すれば、かなり制度は充実したと判断してよい。

他国では、まず福祉制度を国是としないアメリカに「子ども手当」はほとんど存在しない。スウェーデンでは２０１４年時点で月額１０５０クローナ（当時の日本円換算で１万７８５０円程度）なので、０歳から２歳児だけで比較すれば日本は遜色ないが、３歳児以上に目を向けると、まだかなり日本が劣位にある。

「子ども手当」によって出生率を上げるのに成功したフランスはどうか。子ども1人であれば支給はないけれども、子ども2人で月額129・86ユーロ(1万6250円)、3人で296・24ユーロ(3万7000円)、4人で462・62ユーロ(5万7750円)というように、子どもの数の増加によって支給額が大幅に増額される、つまり出生を奨励する制度になっている。

さらにフランスの「子ども手当」は、就学すればその額がかなり増額される点に特徴がある。日本は小学校修了まで、そして中学生で1万円という支給であるが(第2子までの場合)、フランスでは14歳以上から20歳まで基本の額に加えて、月額64・9ユーロ(8125円)の追加があるので、3人の子どもが14歳以上だと、なんと491・0ユーロ(6万1375円、年額にすると73万6500円)にも達するのである。しかも新学期には380ユーロ(4万7500円)ほどの追加がある。そのためフランス人の間には、「働かなくても3人の子どもがいれば子育てが可能である」というジョークのような話がある。

繰り返すが、少子化に悩んだフランスは手厚い「子ども手当」を支給したことで、出生率の増加に成功した。日本も少子化に悩んでいるので、フランスの事例は参考になるだろう。事実、先に見たように、幼稚園にしても保育園にしても、金銭的な負担は大きく、その点から見ても「子ども手当」の増額は期待されている。

残念ながら日本では、「児童手当」導入から約50年経った現在も、子育てと教育の負担は親ないし家庭の責任、という通念が根強いため、増額には国民への説明や説得が必要になるだろうが、政治家がその先頭に立ってほしいものである。

大学進学率から比較する

幼稚園か保育園かの問題に話を戻すと、この問題は幼児教育を0歳から始めるか、3歳から始めるかという選択に置き換えることもできる。幼稚園は原則満3歳からであるが、保育園は0歳から子どもを預かっているからである。0歳から保育園に預けたケースでは、最長6年を保育園で過ごすことができる。一方で、幼稚園は通常3歳か4歳になってから通い始める。

ここで興味深い研究がある。Akabayashi and Tanaka (2013) によると、保育園出身者と幼稚園出身者の大学進学率を調べたところ、国立大学への進学率に関しては保育園出身のほうが幼稚園出身よりも有意に高い効果を持っていたのである。平均すると国立大のほうが私立大より入試偏差値が高いので、国立大生の学力は私立大生よりも少し高いとみなしてよい。これは先ほど述べた文科省の２０１０年の報告とは異なり、保育園出身のほうが学力が高いことを示唆している。どちらが正しいかはここでは問わないが、結果の解釈は可能である。

　第一に、保育園は最長６年の期間があるし、１日当たりの保育時間が長いのに対して幼稚園は半日保育にすぎないため、保育園のほうが自立に必要な訓練を受ける期間が長い。その結果、勉強を含めた諸活動に積極的な子どもに育つ可能性がある。第二に、保育園児の両親は働いているので、両親の教育水準が高い可能性がある。換言すれば、生まれながらの能力が高い可能性がある。もっとも日本では専業主婦の教育水準も高いケースが多いので、今後の検証課題である。

　これに関連した問いとしては、幼稚園の先生と保育園の先生ではどちらが優秀か、があり得るかもしれない。前者は幼稚園教諭の資格、後者は保育士の資格が必要とされるので、表面上は異なっている。教諭は主として教育を行い、保育士は保護者に替わって生活上の支援や保育を行うのが役割だからである。

だとすれば、子どもの教育に期待するのであれば幼稚園の先生、生活上の支援に期待するなら保育園の先生となるのだろうが、目的が違うため、どちらが優秀かを論じることは困難である。

幼稚園か保育園か

幼児教育の重要性については、国内外の諸研究の成果によって明らかである。日本での問題は、監督官庁の違いもあって、幼稚園と保育園、そして認定こども園という3種類が併存していることにある。さらにそこには公立と私立が併存しており、選択をする必要がある。

筆者の好みは保育園である。補助金があるだけ、保育園のほうが費用は安くてすむし、保育園は学業を教えるよりも、食事のとり方、トイレの仕方、着衣の仕方、他人との付き合い方など、生活上のことを教えるので、幼い子どもにとって有用である。学業は小学校に入ってからしっかり教育すれば、学力を高くすることができる、と考える。

もう一つ保育園を好む理由は、両親ともに働いている場合、子どもは保育園に通うという趣旨にある。これからの日本は既婚女性も働くのが一般的であろうから、保育園のほうが社会に馴染みやすい。今の幼稚園は徐々に保育園に置き換えていけばいいように思われるが、それを実行するには、官庁の縄張り争いを廃する政治の判断が求められる。

第4章 公教育で格差は乗り越えられるか

塾や習い事などの学校外教育

日本の教育界の一つの特色は、学校外で子どもが塾で学んだり習い事をしたりすることにある、と筆者は判断している。これは東アジアに特有なことで、少なくとも欧米諸国ではほとんど見られないことである。

筆者は外国人から「塾とは何か」と問われたとき、「学校での授業を終了してから、1日に2〜3時間を私的な勉強教室（塾のこと）で学ぶ生徒・学生が多い。土曜日や日曜日に学ぶ子もいるほどである」との回答をする。

しかし外国人、特に欧米人にはそれがよくわかってもらえない。彼らは怪《け》訝《げん》な顔をして、「それは学校教育が不十分だから、生徒と家庭がそれを補うために、授業料などの資金を払って塾に通うのか」と再び聞いてくる。欧米にもごく一部に日本の塾と似たものがあるが、基本的には存在しないと言ってよいから、このような問いが発せられるのであろう。

それに対する筆者の回答は、「そういう面もあるが、名門校の入学試験に合格するのは困難なので、それへの準備として学校外で勉強をせねばならないことと、一方で学校の勉強についていけない子どもに対する補習の意味合いもある。もとより前者の意味のほうが後者よりもややウエイトが高い」というものである。

外国人の質問はさらに続く。「日本以外でも入学試験が難しい国はある。しかし、その準備は学校でするのが筋ではないか。つまり学校も自分たちの教育だけで子どもの学力を上げる自信がないので塾に頼っている、ということではないか。もしどうしても私的に塾に通わせる必要があるのであれば、家計にとって経済負担が重くのしかかる。その結果として塾に通える子と通えない子の差が大きくなるのではないか」。

筆者の解答は、「その通りです。塾の存在が日本の教育格差を生んでいる一つの理由なのです」。外国人はそれに対して「解決法は二つある。一つは、民間の塾を廃して教育は学校だけで行う、という制度にすることだ。もし塾を廃せないのなら、もう一つ、塾の学費を公共部門が負担するというやり方もある」と述べ、最後に次のように聞いてくる。

「夜や休日に塾に通う子どもは好きで行っているのか、それとも嫌々ながら行っているのか」。これについて筆者は、「中には好きで行っている子どももいるが、かなりの子どもは半強制的に行かされている」と答えることにしている。ついでながら、受験競争の激しい中国や韓国は、日本と似ており、塾はかなり発展していることを付け加えておこう。

さて、日本ではこうした塾に加えて習い事も盛んである。水泳、ピアノ、英会話、プログラミング、書道、絵画、野球・サッカーといったスポーツなど、学校で十分学べないことを教室に通ったりクラブに属したりして訓練するのである。

習い事はほとんどが私的になされるので、経費は自己負担（すなわち親）である。さすがに習い事の費用にまで公共部門が補助金を出すべき、という声はほとんどないが、本章では情操教育なりスポーツ訓練なりを受けられる子どもと、受けられない子どもの差をどう考えればよいのかも検討したい。

日本の子どもの学力

塾や習い事の効果を詳しく述べる前に、日本の学力に関して一般的な事実を知っておこう。表４-１は２０１８年の全国学力テスト（小学６年生と中学３年生）の都道府県別の結果を、最高５位と最低５位で示したものである。

この表からわかることは、次の通りである。第一に、都道府県別で成績差がかなりある

表4–1　2018年度全国学力テストの都道府県別成績

小学生			中学生		
順位	都道府県	正答率（%）	順位	都道府県	正答率（%）
1	石川	66.0	1	福井	67.8
2	秋田	65.6	2	石川	67.6
3	福井	63.8	3	秋田	67.4
4	富山	63.4	4	富山	66.4
5	東京	63.0	5	静岡	65.2
43	宮城	58.4	43	滋賀	61.4
44	大阪	58.2	44	鹿児島	61.4
45	島根	58.2	45	高知	61.2
46	愛知	57.8	46	佐賀	61.2
47	滋賀	57.6	47	沖縄	58.0

出所：国立教育政策研究所「平成30年度全国学力・学習状況調査 調査結果資料」

ことから、日本全体で評価しても学力の高い子どもと低い子どもが併存していることがわかる。

　第二に、概して北陸と東北の日本海側の県において学力が高いことである。これは後に詳しく検討するので、ひとまずそのままにしておこう。

　第三に、学力の低い都道府県（特に小学生）に大阪、愛知といった大都市圏が入っていることである。これらでは、市町村間や市町村内においても地域間に貧富の差が大きく、貧困地区に住む子どもの学力が非常に低くなっているためであると考えられる。第1章において、親の年収差で子どもの学力に差があると書いたことを思い出してほしい。

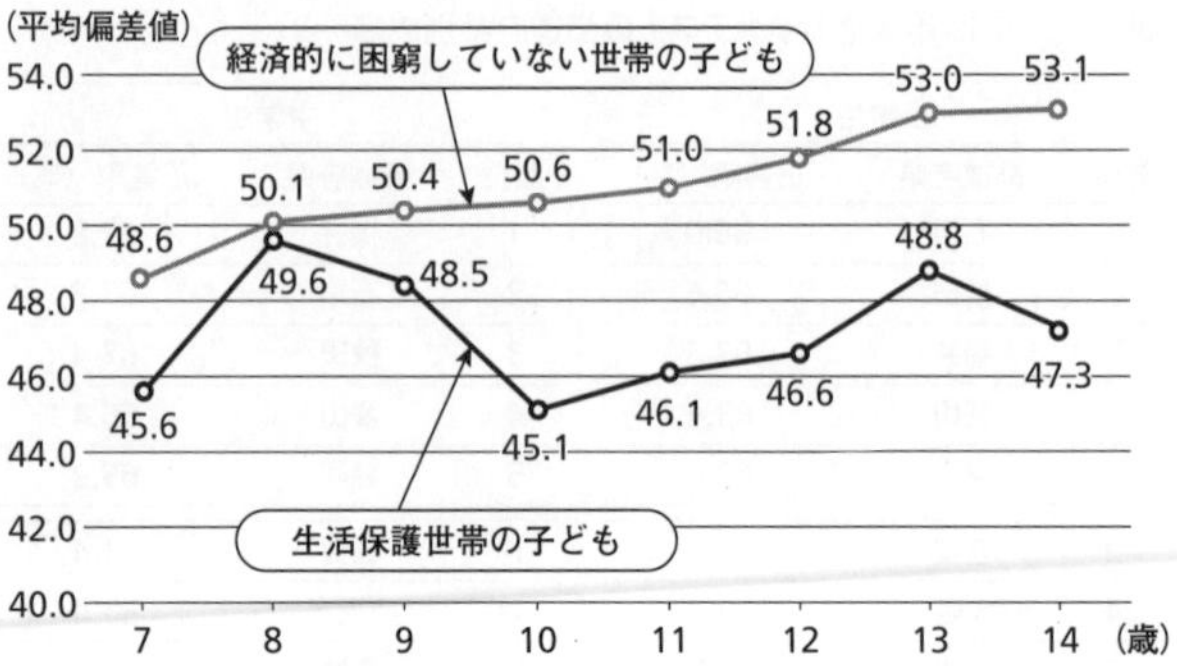

注　パネルデータ分析のランダム効果モデルを用いた推定結果を図示したもの。生活保護世帯の7〜9歳の子どもは、経済的に困窮していない世帯と10%水準で統計的に有意な差はない（それ以外は統計的に有意）。

図4–1　生活保護世帯と経済的に困窮していない世帯の子どもの偏差値の推移（国語）　出所：日本財団「家庭の経済格差と子どもの認知・非認知能力格差の関係分析」2017年

ここまで述べたことを、さらに詳しく統計からも確認しよう。図4–1は日本財団が貧困世帯と非貧困世帯の子どもの間で、偏差値がどう異なるかを調査したものである。ここで言う貧困世帯とは生活保護支給を受けている世帯のことである。

この調査からは、年齢が上がれば上がるほど貧困世帯の子どもと非貧困世帯の子どもの間で学力差が拡大していることがわかるし、それが平均すると約4ポイントの差であることがわかる。

貧困家庭の子どもの学力が低くなる理由は、いろいろと指摘できる。第一に、親が稼ぐことに必死になり、子どもの教育にまで手が回らない可能性が高いこと。第二に、その結果、子どもが親から見放されてしまい、本人の勉強意欲が高くない可能性があること。第三に、これから述べるように塾の効果が大きいことである。貧困家庭であれば、子どもを塾に通わせる経済的な余裕がないのは明らかであろう。

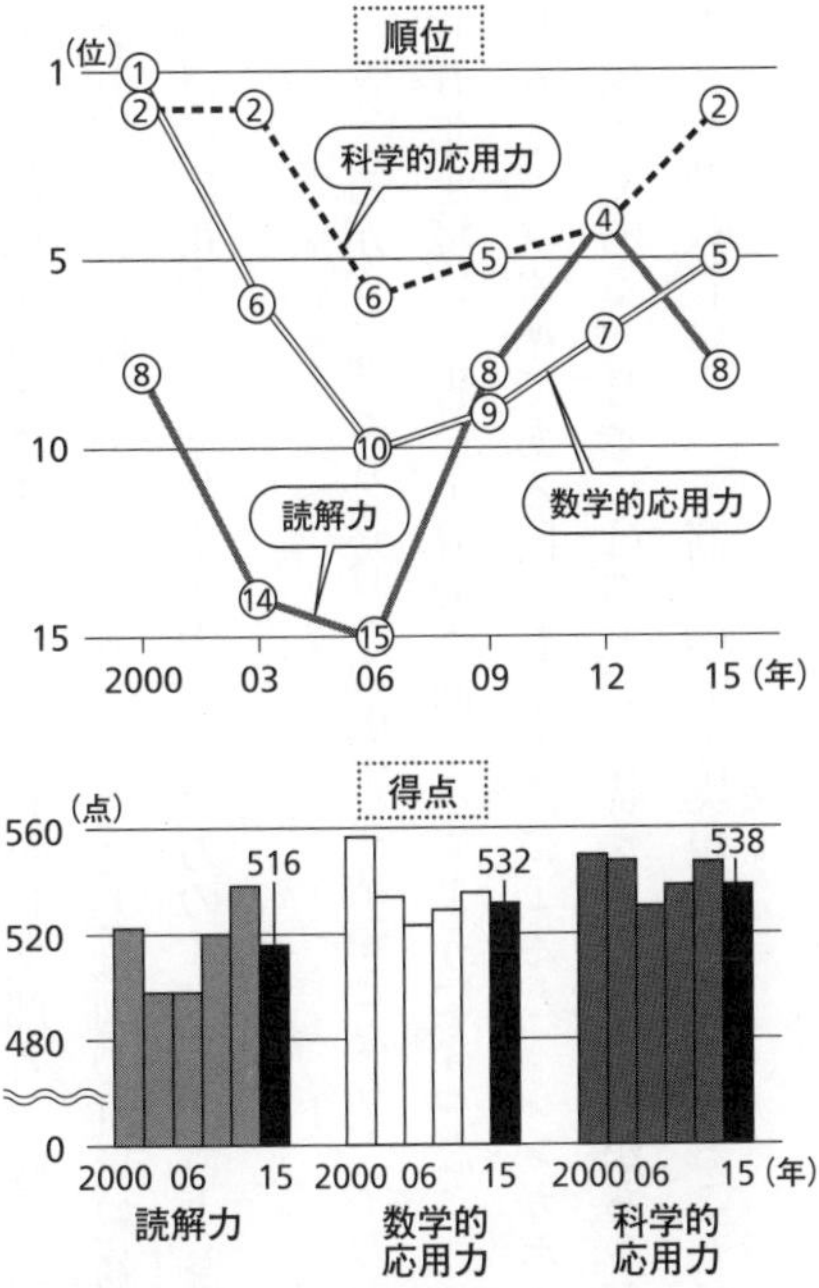

図4–2　生徒の学習到達度調査（PISA）における日本の成績の推移　出所：OECD, PISA2015より作成

最後に、日本の子どもの学力を国際面から評価しておこう。図4-2は、OECD生徒の学習到達度調査（PISA）における日本の子どもの学力の順位をまとめたものである。20世紀後半の日本で、子どもの学力が世界的に高かったことは多く

の人の記憶するところであろう。しかし文部省（当時）主導による「ゆとり教育」の実施により、学力が低下の一途をたどったことは図の21世紀初頭の成績を見れば明らかである。科学的応用力、数学的応用力、読解力のすべてが低下した。特に読解力の低下が顕著であった。

ところが、「ゆとり教育」の弊害が話題となり、学力の向上策が採用されたので、２００６年を境に、再び上昇の傾向を示すようになった。ついでながら世界各国の中で学力が現在トップ水準である国はＰＩＳＡによると、シンガポール、香港、フィンランドといった国々である。日本には塾という特殊な教育方式があるが、フィンランドのように塾ではなく学校教育によって高い学力を実現した国があることは押さえておきたい。

塾に通うと学力は上がるか

以上を踏まえた上で、日本の小・中学校生の塾通いについて考えよう。先ほど日本の小・中学校生の塾通いは有名と述べたが、およその数字として、いったい何パーセントの生徒が通塾しているのだろうか。

これについては、小学校6年生で50パーセント弱、中学校3年生で60パーセント強と理解してよい。中学校1・2年生は高校受験を控えていないので、中学校3年生より少し低いし、小学校6年生は大都会を中心にして中学受験を控えているので、小学校5年生以下の学年より少し高いと考えられる。

小・中学生の半数前後が塾に通っているのであるから、通塾社会・日本といっても過言ではない。逆に言えば、半数は塾に通っていないので、この生徒たちの学力をはじめ勉強の仕方がどうなっているのか、関心を持って対処せねばならないのである。参考までに高校生はどうかといえば、30パーセント前後の通塾率となり、意外に小・中学生よりも低い。

では、塾に通うことによって生徒の学力が本当に上がるのだろうか。いくつかの研究例をごく簡単にまとめたい。金子（２００４）によると、表4-2で示されるように、通塾生のほうが非通塾生よりもかなり学力（ここでは問いに対する正答率で示されている）の高いことがわかっている。

ただし、付帯条件が三つある。一つ目は、通塾生のほうが学校以外での勉強時間が長いので、勉強により真剣に打ち込んでいる可能性が高いこと。二つ目は、塾といってもいろ

表4–2　通塾生の小学校6年生時における学習時間と正答率

塾種類	学習時間（分）
父大卒（298）	
復習　（15）	35.0
予習　（78）	39.2
受験　（46）	115.4
その他　（23）	30.3
非通塾（119）	39.6
無回答　（17）	35.7
父非大卒（170）	
復習　（10）	41.3
予習　（36）	36.7
受験　（7）	60.0
その他　（5）	36.0
非通塾（100）	27.5
無回答　（12）	23.8
合計（468）	
復習　（25）	37.5
予習　（114）	38.4
受験　（53）	108.1
その他　（28）	31.3
非通塾（219）	34.0
無回答　（29）	30.8

塾種類	正答率（%）
父大卒（299）	
復習　（15）	78.9
予習　（78）	84.9
受験　（46）	92.6
その他　（23）	84.1
非通塾（119）	80.8
無回答　（17）	76.5
父非大卒（177）	
復習　（10）	74.7
予習　（38）	80.8
受験　（7）	88.3
その他　（5）	80.8
非通塾（101）	75.2
無回答　（16）	62.5
合計（476）	
復習　（25）	77.2
予習　（116）	83.6
受験　（53）	92.0
その他　（28）	83.5
非通塾（220）	78.2
無回答　（34）	69.9

注１　（　）内は有効回答数
注２　該当学年までの合計平均正答率

出所：金子（2004）

いろな種類があり、おおまかに予習と復習を主とした補習型と、上級学校への進学を目的とした受験型があって、後者のほうが学力が高い、ということ。三つ目は、父親が大卒か非大卒かを比較すると、大卒の親の子どもの学力が高いこと、である。

これら三つを総合すると、本人の生まれつきの能力が高く（父親が大卒ということで間接的に示されるとみなしてよい）、勉強をしっかり行う（勉強時間の長さで示される）子どもが、受験型の塾に通った場合という条件が、ここには含まれている。そのため「塾に通うだけ」の効果が、純粋にここに現れているとは言えないのだが、塾に通うことによって学力が上がるという想定までは否定できない。

塾の効果は国語より数学にある

これに関して、苅谷・志水・清水・諸田（2002）が注目すべき研究を提出している。少し古いが、価値が高いので表4-3で紹介しておこう。彼らは関西都市圏の小学校5年生と中学校2年生を対象にした国語と算数、そして数学の学力調査の結果をもとに、通塾生と非通塾生の学力の違いを検討している。中学受験、高校受験向けの受験対策を直近に

（単位：点）

	1989 年			2001 年			1989 年と 2001 年の差	
	通塾	非通塾	差	通塾	非通塾	差	通塾	非通塾
小国	80.9	78.0	-2.9	75.9	69.6	-6.3	-5.0	-8.4
小算	84.6	78.9	-5.7	73.9	67.5	-5.5	-11.6	-11.4
中国	74.5	68.3	-6.2	71.9	63.2	-8.7	-2.6	-5.1
中数	75.8	62.5	-13.3	74.5	54.5	-20.0	-1.3	-8.0

表4–3　通塾生と非通塾生の学力差　出所：苅谷・志水・清水・諸田（2002）

行っていない学年の生徒が対象なので、受験に直結しない学力の状況を把握できる貴重な調査である。

１９８９年と２００１年に行った２度の調査の比較をした表４‐３からは、次のことがわかる。第一は、塾に通うことによる学力向上の程度は、国語と算数・数学のいずれの教科についても小学生より中学生が高い、ということ。特に中学生の数学については、塾に通うか通わないかで大きな学力差があった。一方で、小学生の国語についてはその差がかなり小さい。これらを別の言葉でまとめれば「塾に通うことは学力向上に役立つが、国語よりも算数・数学においてその効果が高い」となる。

第二は、１９８９年と２００１年を比較したとき、塾に通う児童・生徒と、そうでない児童・生徒との間で学力差が基本的に拡大している、ということ。このことから、この間において学校における教育の質が低下したのではないかと想像できる。さらに１９８９年から２００１年にかけて、学力の取得を学校での勉強と教育だけに頼っているとみなせる非通塾生の学力がかなり低下している。

以上を勘案すると、「ゆとり教育」によって学校教育の質が低下したと解釈してよいだろう。つまり、通塾生においては、学校の教育の質の低下が塾の効果によって補われたということである。

学校だけで学力を高くできるか

複数の研究から塾に通う生徒のほうが、塾に通わない生徒よりも学力が高くなることがわかった。

そこには塾に通う生徒に、そもそも学力が高く、学習意欲のある生徒が多く含まれていて、それらの生徒の学力がますます向上したから、といった事情があったかもしれないが、学校外で勉強することがその人の学力を上げるのは確実であった。

ところが、である。文科省が毎年実施している全国学力テストの中に、通塾率が低いに

表4–4　都道府県別の小学生の通塾率

	都道府県	通塾率（%）		都道府県	通塾率（%）
1	東京都	57.9	38	新潟県	35.5%
2	神奈川県	56.9	39	熊本県	35.3%
3	兵庫県	54.4	40	宮崎県	33.2%
4	奈良県	53.8	40	福島県	33.2%
5	和歌山県	52.9	42	鹿児島県	32.3%
6	千葉県	51.0	43	島根県	32.1%
7	大阪府	50.7	44	山形県	28.2%
8	京都府	50.2	45	青森県	28.1%
9	三重県	49.7	46	岩手県	25.8%
10	愛知県	19.3	47	秋田県	22.1%
				全国	45.8%

出所：国立教育政策研究所「平成27年度全国学力・学習状況調査 調査結果資料」

もかかわらず生徒の学力が高い県、つまり一見すでに述べた結論と矛盾した県を見つけることができる。塾に通っている生徒数が少ないのに、その県の生徒の学力はとても高いのである。

表4-4は、都道府県別に小学生の通塾率のトップテンとワーストテンを示したものである。通塾率の高いのは、東京都の57・9パーセントを筆頭にして、神奈川、兵庫、奈良など。ここには大都市を持つ大阪、京都、愛知といった府県も入っているので、ある意味で当たり前の、高い通塾率が示されている。

むしろ興味深いのは、通塾率の低い県である。秋田県の22・1パーセントが最低だが、概して東北、九州、山陰といった大都会でない地方の県で通塾率が低い。これらの地方では、元々塾の数がとても少ないという事情もある。

次に表4-5を見ていただきたい。２０１５年の全国学力テストの成績をトップテンとワーストテンで示したものである。まず正答数のトップは秋田県の53・2問であり、なんと通塾率が最低の県なのである。他に青森、新潟も学力は高いが、通塾率は低い。これらの県の存在は、塾に通わなくとも学校での勉強だけで学力を高くできる可能性があることを示している。

もちろんこれら二つの表からわかるように、東京都や京都府に代表される、通塾率がとても高く、さらに学力の非常に高い都府県が存在することも重要である。大都会での生徒の学力はばらつき(すなわち分散)の大きいことがよく知られているが、学力のとても高い生徒の存在が地域全体の平均的学力をも高めているのである。

そのため、筆者にとっての最大の関心は、通塾率の高い都府県の学力が高いことではなく、むしろ通塾率の低い県でも学力の高い県が存在することにある。特に最低の通塾率である秋田県が最高の学力を誇っているのは、ことのほか印象深い。

表4–5　全国学力テストの都道府県別平均正答数（小学校6年生、2015年度）

順位	都道府県	国語A (14問)	国語B (9問)	算数A (16問)	算数B (13問)	理科 (24問)	合計 (76問)
1	秋田県	10.6	6.9	13.0	6.7	16.0	53.2
2	石川県	10.4	6.6	12.8	6.5	16.0	52.3
3	福井県	10.3	6.5	12.7	6.5	16.0	52.0
4	青森県	10.5	6.3	12.6	6.2	15.9	51.5
4	富山県	10.2	6.3	12.6	6.2	16.2	51.5
6	広島県	10.3	6.3	12.4	6.1	15.2	50.3
7	東京都	10.1	6.0	12.4	6.2	15.0	49.7
7	新潟県	10.3	6.0	12.4	5.8	15.2	49.7
7	京都府	10.1	6.1	12.4	6.2	14.9	49.7
10	山口県	10.1	6.1	12.3	6.0	15.0	49.5
37	山梨県	9.6	5.8	11.9	5.5	14.5	47.3
37	三重県	9.5	5.9	12.0	5.7	14.2	47.3
39	宮城県	9.7	5.7	11.9	5.6	14.3	47.2
39	栃木県	9.7	5.7	11.8	5.6	14.4	47.2
41	長崎県	9.7	5.8	11.8	5.6	14.1	47.0
42	埼玉県	9.6	5.8	11.7	5.6	14.2	46.9
43	愛知県	9.3	5.7	11.7	5.9	14.2	46.8
43	島根県	9.7	5.7	11.6	5.5	14.3	46.8
45	大阪府	9.5	5.6	12.0	5.7	13.8	46.6
46	北海道	9.5	5.7	11.6	5.5	14.2	46.5
47	滋賀県	9.6	5.7	11.6	5.6	13.9	46.4

出所：国立教育政策研究所「平成27年度 全国学力・学習状況調査　調査結果資料【都道府県別】小学校 全国 都道府県（公立）」

なお２０１６年の学力テストの結果によると、トップは秋田県ではなく、福井県と石川県であり、秋田県は２０１５年の第1位から第3位に降格した。もっとも福井県と石川県の通塾率は29位と34位という低さなので秋田県と同じとみなしてよいだろう。さらに秋田県は、全国的にいまだトップレベルの学力を誇っているので、考察の価値は十分に残っているといえよう。

通塾率の低い県で生徒の学力が高い理由

なぜ秋田、石川、福井の三県は、通塾率がかなり低いのにもかかわらず、トップレベルの学力を保持しているのであろうか。もっとも単純で明解な理由は、学校教育がしっかりしており、しかも塾ではなく家庭で勉強しているから、というものである。

もう少し詳しく知るために、太田（２００９）、志水・前場（２０１４）、橘木（２０１７ａ）に記述されていることを簡単にまとめてみよう。

まずこれらの県では、学校の校長・教員、保護者、役所、市民一般が、教育の大切さをよく認識しており、学校教育の充実のために制度上必要な経済的支援を行う風潮が強い。

したがって私立学校よりも公立学校が多いし、質も一般的に公立校のほうが高くなる。

次に生徒も親も、学校に対する信頼を大都会より強くもっており、先生の教えや言うことをよく聞きながら従う傾向がある。塾の数が少ないことがその理由の一つになっており、学校の先生も研修会などを通じて教育方針をよくする努力を重ねている。もう少し具体的に言えば、生徒間や先生を交えたグループ討論を中心にした教育方針を積極的に取り入れている。

さらに家庭においても、親は勉強を教えるのに熱心であり、子どもがよく勉強できるような雰囲気づくりに努めている。ここにも塾頼みの大都会と異なる姿がある。また学校から、家庭で勉強をさせるための宿題が数多く出される。地方には、大都会のような有名私立大学は少ないため、子ども、親、学校ともに国公立大学志向が強い。そして、国公立大学の入学試験を突破するには、子ども、親、学校ともに、早いうちからの勉強が大切なことを認識している。こうして学校教育を中心とした勉強への熱心さが保たれているのである。

以上が、秋田県と福井県、石川県（富山県を含めて北陸三県と考えてもよい）などの通塾率の低い県で生徒の学力が高い理由であると考えられる。

学校中心の教育と塾中心の教育

もっとも秋田県や北陸三県にも悩みがある。塾に通わずとも小・中学生が高い学力を誇っているし、優秀な子どもは地元の公立高校に通うのであるが、彼らは大学進学時にかなりの割合で大都会の名門大学を選択するのである。

さらに大学を卒業してからも、地元に戻らず大都会に残ってしまう。大都会に有力企業の求人が多いのが理由であるが、戻らない学生を非難することはできない。地元に魅力のある仕事を用意する必要がある。

ともあれ、ここまで述べてきたような事情は、大都会とは正反対である。大都会では学校教育への不信、とまでいかずとも、受験に必要な学力を得るのは学校では難しい——つまり塾で行うしかない——と思われており、塾の繁栄がここで見られる。

加えて、大都会では貧富の格差が大きいので、富裕層には子弟を塾に通わせる経済的余裕があるが、貧困層にはそういう余裕がない、ということも大切である。地方と比較すると大都会の公立学校の教育は質が良くないため、通塾しない子どもは学力が低くならざるをえない。この事実は通塾生と非通塾生の学力の違いとしてすでに示した。

筆者の好みは、秋田県や北陸三県型のような塾に頼らない学校中心の教育であり、大都会型のように、学校教育が従になりがちな塾中心の教育が好ましいとは思えない。なぜなら前者には全員の学力が高くなるという公平性があるが、後者にはそれがなく、経済的に恵まれた家庭とそうでない家庭の間で、学力格差が拡大してしまうからである。

筆者は親の経済状況とは無関係に、教育には「機会の平等」があるべき、と信じている。しかし第1章で述べたように、現代の日本は格差を容認する親の割合が過半数を超える時代に突入しており、残念な状況にある。

支出から見た学校外教育の現状

ここまで塾に通う子どもについていろいろと述べてきたが、それらを統計で確認しておこう。まずは大都会の子どもは塾に通い、地方の子どもはそうでないという記述の真偽である。

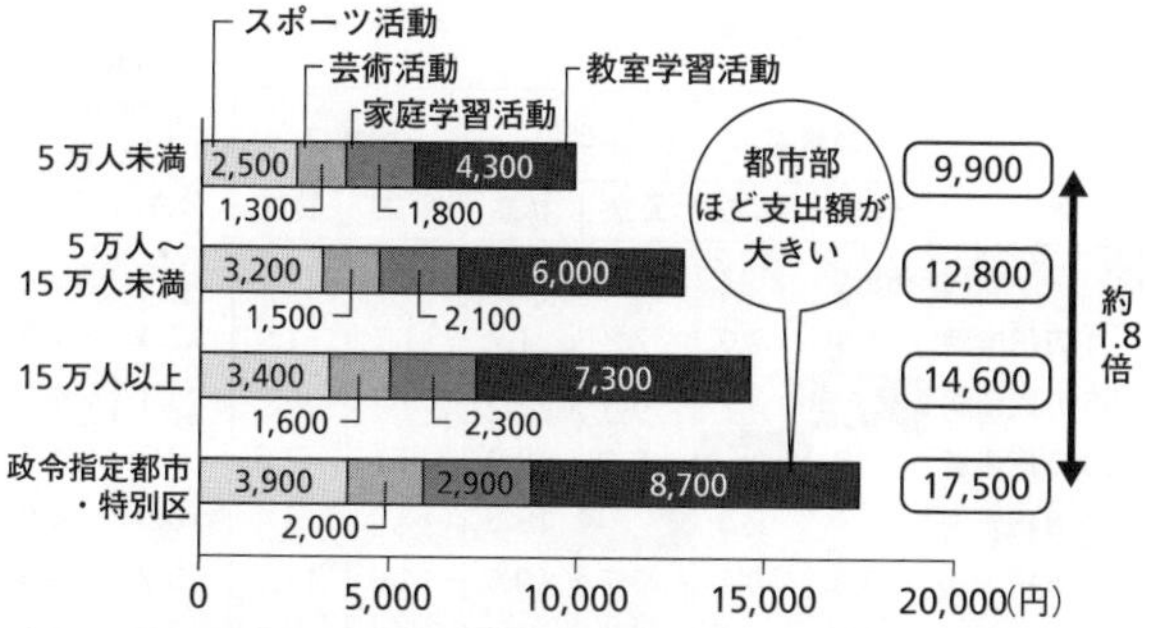

注　自治体規模は、「お住まいの市町村名」に対する回答に基づき分類した。無回答や不明だった者は、分析から排除した。

図4–3　自治体規模別の学校外教育活動費
出所：ベネッセ教育総合研究所「学校外教育活動に関する調査2017」

図４－３は４つの自治体規模別（人口５万人未満、５万人以上15万人未満、15万人以上、政令指定都市・特別区）に見て、学習費がどう違うかを示したものであるが、ここでは塾などを含む学校外教育活動費のみに注目する。公立の小学校と中学校においては、人口規模が大きくなるほど、学校外活動費の増加があることがわかる。

例えば、人口が５万人未満では９９００円であるが、指定都市・特別区であれば１万７５００円となり、１・８倍前後の格差がある。これは大都会の子どもが多く塾に通っている証拠になる。公立中学校に関しては、小学校よりも絶対額自体が大きいが、人口規模による格差は小学校と同じ性質（すなわち人口の多い地域ほど支出

表4–6　学習塾費の金額分布

（単位：%）

	幼稚園		小学校		中学校		高等学校（全日制）	
	公立	私立	公立	私立	公立	私立	公立	私立
0円	88.4	86.7	62.2	30.9	31.1	45.2	64.6	56.4
~1万円未満	1.9	2.0	2.8	1.7	1.7	1.9	2.4	1.9
~5万円未満	4.5	3.7	8.8	7.6	4.8	6.4	3.1	4.5
~10万円未満	2.8	4.8	8.4	8.0	6.1	7.6	3.3	4.7
~20万円未満	1.7	2.0	9.2	15.5	14.0	9.4	6.3	6.0
~30万円未満	0.3	0.7	3.7	10.6	14.6	11.2	5.7	6.0
~40万円未満	0.2	—	1.6	6.5	9.5	6.8	4.9	4.4
40万円以上	0.1	—	3.2	19.0	18.3	11.8	9.9	16.1
年間1円以上支出者のみの平均額（千円）	62	68	151	320	294	262	302	394

注　構成比は小数点以下第2位を四捨五入しているため、合計しても必ずしも100とはならない。

出所：文部科学省「平成28年度 子供の学習費調査」

が大きい）を示している。塾などの学校外教育はとりわけ大都会で顕著に見られることであり、地方では小さなウエイトしかないということである。

では、塾の費用が実際にどれだけかかっているかを見てみよう。表4－6は幼稚園から高校まで、年間で塾の費用がどれだけ必要であるかを示したものである。アミ掛け部分は分布のうち0円を除いた最大比率を示したものであり、公立小学校で年額10万円から20万円未満が9・2パーセント、私立小学校においては年額40万円以上が19・0パーセントである。なお平均額は公立小学校で15万１０００円、私立小学校で32万円となっている。この数字によって一部の高所得家庭では中学校受験のために塾支出を多くしているのが明確にわかる。

この表で興味を引くのは、中学生や高校生において、塾に通うとなればかなり高額な費用を負担しなければならないという事実であろう。公立・私立中学校、公立・私立高校のすべてでもっとも支出額の高いクラスにアミ掛けがされており、最大比率の人々がここに属していることからそれがわかる。

なぜ公立のほうが私立より塾費用が高いのか

もう一つ、この表で関心のあることとは、中学生に関して公立中学生のほうが私立中学生よりも、塾費用が少し高いことである（約29万円と約26万円）。一般に私立中学校に通う生徒の家庭のほうが経済的に裕福であるため塾支出が多いと想像されるが、実態は逆になっている。なぜだろうか。

それを説明する鍵は次の二つにある。第一に、高校入試はほとんどの中学生が参加する全国規模の一大行事なので、全国の多数の公立中学生が塾に通って準備する。第二に、中学受験に成功して中・高一貫の国立・私立校に入学した生徒は高校入試がないため、中学時代はそのための受験勉強をする必要がなく、塾に通う必要性が低下する。しかし高校に上がってからは大学受験のため、再び塾に通い始める。

公立・私立の比較、小・中・高における比較を塾に関してまとめると、次のようになろうか。小学生では私立のほうが塾に通っているが、中学生になると公立のほうが塾に通っている生徒が多い。これは公立中学生のほとんどに高校受験があるので、塾に通うのである。私立中学生の場合には、多くが無試験で中・高一貫の高校に進学するので、受験がなく、塾に通う必要がないのである。そして大学受験を控えた高校生では、また私立の生徒が塾に通う。全般に言えることとして、私立校に通う生徒のほうが、公立校の生徒よりも塾への投資額は多い。

最後は、親の年収差が子どもへの支出に影響するかどうかである。図4-4は世帯収入別に、自分の子どもに学校外教育費をいくら支出しているかを示したものである。スポーツ活動、芸術活動などへの支出額もあるが、ここで確認したいのは塾を中心とした教室学習活動への支出である。

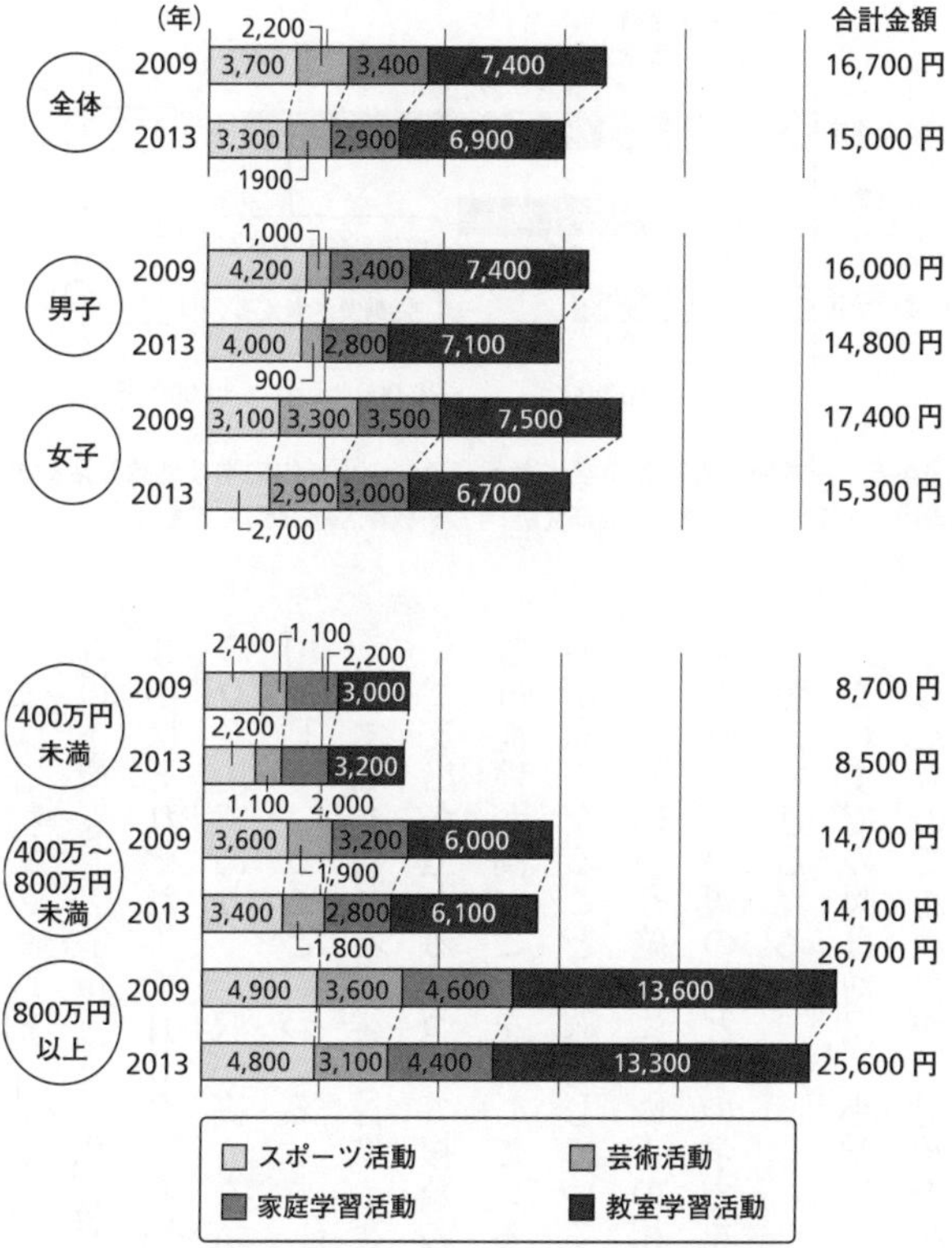

注1　スポーツ活動、芸術活動、家庭学習活動、教室学習活動の費用は、種類ごとの活動費をそれぞれの活動分野別に合計した。活動を行っていない場合は、0円として平均値を計算している。
注2　2013年調査では家庭学習活動について「知育玩具」「絵本」「幼児向け雑誌」「学習雑誌」「知育・教育アプリ」を新設したが、経年比較のため2009年調査に揃え、新設項目は除外して集計した。
注3　世帯年収は、「ご家庭の世帯年収（税込）はだいたいどれくらいですか」の回答による。「わからない」「答えたくない」と回答した者は、分析から除外した。

図4–4　学校外教育活動の費用

出所：ベネッセ教育総合研究所「学校外教育活動に関する調査2013」

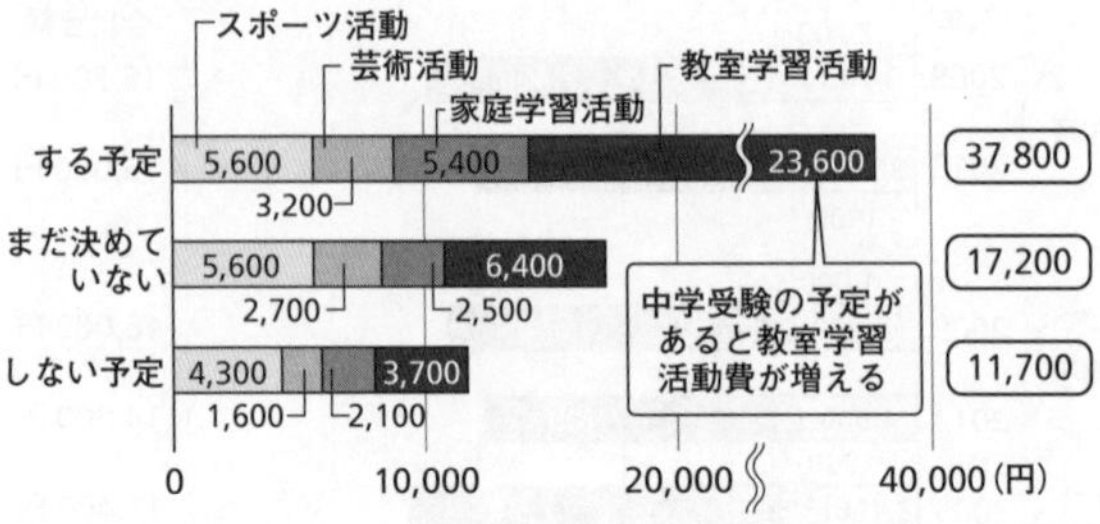

図4–5　中学受験のある小学生とそうでない小学生の学校外教育活動の費用　出所：ベネッセ教育総合研究所「学校外教育活動に関する調査2017」

まず3種類の年収別（400万円未満、400万～800万円未満、800万円以上）に、教室学習活動費が2013年はそれぞれ1ヶ月3200円、6100円、1万3300円であり、年収が高くなるにつれて2倍、4倍と増加していることがわかる。

教室学習活動費の高さは、塾に通っている確率が高く、支出が上がるにつれて複数の科目を塾で受講している可能性が高いことを示している。すでに通塾すれば学力が高くなることを確認しているので、親の経済力と子どもが塾に通う確率に強い正の相関があるとすると、塾が年収の高い親の子どもの学力を高めている要因の一つと想定できるだろう。

これまでの図は幼児、小学生、中学生、高校生を対象としたものであったが、対象を小学生に限って中学受験の予定を聞いた図4-5のほうが、より直接的に塾の意味を理解できるかもしれない。

この図で衝撃的なことは、中学受験を予定している小学生がいる家庭が１ヶ月におよそ２万４０００円も教室学習活動に支出しているのに対して、それをしない予定の家庭はおよそ３７００円にすぎず、６・５倍ほどの差があることである。中学受験対策として、高額の塾費用を支出しているのである。そして、この図は親の年収別ではないが、先ほど述べた通り年収の高い親ほど塾に高い支出をしていることは、直接示されなくとも明白であろう。

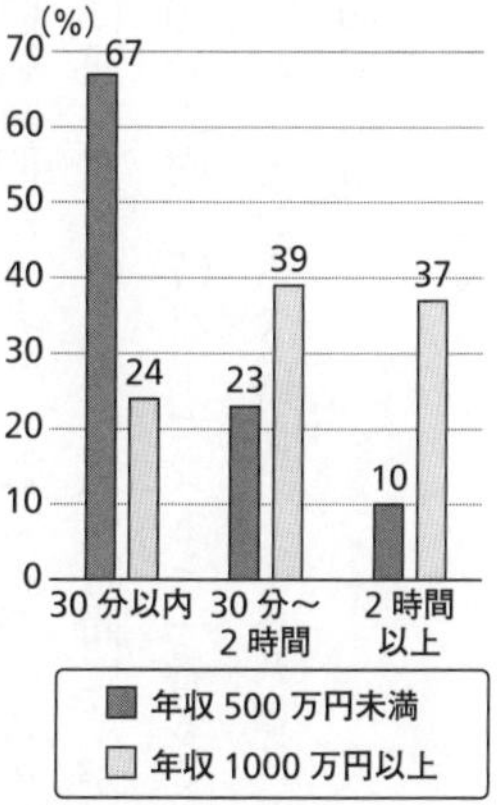

図4–6　親の年収と子どもの勉強時間の関係

出所：国立大学法人お茶の水女子大学『平成25年度 全国学力・学習状況調査（きめ細かい調査）の結果を活用した学力に影響を与える要因分析に関する調査研究』2014年3月28日より作成

また図4-6で示されるように、年収の違いによって「家庭」での学習時間はかなり異なる。「家庭」（としたのは、ここに塾の勉強時間が含まれているからである）での学習時間のすべてが塾での勉強時間ではないが、かなりの割合が塾での勉強時間だと考えられるので、この表から親の年収の違いによって子どもが塾にどのように通い、どのように勉強時間に差が生じるかがわかる。年収が５００万円未満の家庭では30分以内が67パーセントと一番多くなっているが、年収１０００万円以上では30分以上が76パーセント（2時間以上であれば37パーセント）となり、大きな差が勉強時間に生じているのである。

塾のような教育を公教育で行っている国

日本では小、中、高校生ともに塾に通って、学校外教育という勉強に励んでいる実態がわかったし、特に大都会でそういう塾に通っている子どもの学力の高いことも明確になった。しかし一方で、秋田県や北陸三県の例のように、通塾率は低くとも学力の高い県があることも再度強調したい。

後者の意義を考える上で参考になるのは、塾のような教育を公立の学校で行っている国の存在、それは筆者のよく知るフランスである。フランスは韓国、中国に匹敵する、日本以上の学歴社会であるし、過激な受験社会である。つまり、競争率の高い名門校とりわけ名門大学を卒業した人はその後の人生をとても有利に送ることができる。

フランスの名門大学は普通の大学とは異なってグランゼコール（大学校とも訳される）と呼ばれ、その代表校はエコール・ポリテクニク（理工科学校）、エコール・ノルマル・シュペリエール（高等師範学校）、ＥＮＡ（国立行政学院）の三校であり、他にもいくつかある。エコール・ポリテクニクは技術者養成、エコール・ノルマルは高校・大学の教員養成、ＥＮＡは高級官僚養成のための学校であり、フランスの著名人にはこれらの学校の卒業生がとりわけ多い。フランスのグランゼコールについては、橘木（２０１５）に詳しい。

これらの学校に入学するには、高校（リセ）卒業後に受けるバカロレア（高等学校卒業資格試験）に合格した上で、各学校の課する激烈な入学試験をパスしなければならない。普通の大学（ただし医学部を除く）へはバカロレアをパスすれば、原則としてどこの大学でも進学できるが、グランゼコールに入学するには、高卒後2年程度は浪人をしながら受験勉強を行うのが普通である。いまは多少浪人生は減少したが、一昔前の日本では大学受験のために1年間浪人するぐらいは当たり前であった。それがフランスは2年間ほどなのである。

この浪人期間中にフランスの学生は何をしているか、それがここでの話題である。日本であれば民間の予備校に通うのが普通であるが、フランスでは驚くなかれ、政府公認の公立学校に通うのである。高校に付設された受験準備学級と呼ばれるもので、学校教育法の下で正式に認可された学校なので、公式な上級高校とみなしてよい。そのため、政府に常勤で雇用された人が教えている。

これは日本の塾とりわけ民間の予備校が担っている役割を、フランスでは公立の学校が担っていると解釈していい。もっとも受験準備学級への入学はとても困難であり、入学試験すら課せられている。これに晴れて合格してから本番のグランゼコールへの入学試験の準備に取り掛かるのだから、フランスは大変な試験社会なのである。果たして日本の塾型がいいのか、あるいはフランスの公立学校型がいいのか。読者はどう判断されるであろうか。

そのことを考えるヒントとして、日本にもフランスに似た制度のあったことを記しておこう。戦後の１９５０年代から70年代にかけて大学入試が困難になったとき、一部の公立進学高校で自校卒業の浪人生だけを集めて、受験準備の教育を行っていたのである。ただし、これらの受験クラスは、あくまでも卒業生が自主的にクラスを設けて、受験勉強に励んだにすぎない。

また、フランスでは受験準備学級に入学する際、出身高校ではなく他の高校の受験準備学級に移るという学生が以前からかなり存在していた。先に述べた日本の公立進学校における受験クラスが自校の卒業生のためのものであったことと比較すると、その違いは大きい。

秋田県や北陸三県の例のように、公立校でよい教育を行って、生徒の学力を高めることは可能である。しかも、そういう自治体で塾は普及していない。つまり大都会では公立校の質がよくないので、一部の所得の高い親の子弟は塾に通って学力を高めているのである。

そうであるとすれば、これはいびつな制度であると言わざるを得ない。学校教育だけで生徒の学力を高められる制度のほうが公平である。事実、受験競争の激しいフランスも公立校ばかりである。

少人数教育は望ましいか

以上を踏まえた上で、とりわけ小学校を中心にした初等教育において、ここまで述べてきたことを実現するために、１クラスあたりの生徒数をできるだけ少人数にしてはどうか、というのが筆者の主張である。

それには二つの有力な根拠がある。第一は、世界において学力第１位を誇ることの多いフィンランドが少人数教育で有名なことである。第二に、全国で学力トップ水準を誇る秋田県で、例えば学校や科目によって１クラスに２人の先生を配置するなど、少人数教育の実践を行っていることである。もっとも少人数教育だけが秋田県で学力が高い理由でないことはすでに述べた通りである。

残念ながら日本では少人数教育について、現時点では反対論が優勢であり、すぐに導入される雰囲気にはない。特に財政負担が大きくなることを恐れる財務省が反対の急先鋒であるが、反対論の根拠となっているのは、少なくともわが国では少人数教育が確実に生徒の学力を上げるとまでは言いきれない、というものである。教育学の分野を中心に学級人数の大小による学力差に関する研究が行われたが、そこには効果を認める研究と、そうではないとする研究が混在しており、学問的成果に基づいて少人数教育が確実に学力を上げるとまで主張できないのである。

ただしアメリカにおいては、少人数教育が生徒の学力向上に有効であるという説が優勢であり、そこにはアメリカ特有の制度と研究方針が関係している。

まずアメリカでは州によって学級人数が異なるので、純粋に学級人数の差による効果を推定しやすい。次に、アメリカでは同じ学校において大人数教育と少人数教育の双方を準備して意図的に実験を行い、継続的にその効果を測定してきた。これらの研究の蓄積によって説得力に富む成果が得られているアメリカでは、多少の反対論はあるものの、少人数教育が生徒の学力向上に貢献している、と考えられているのである。

この点、日本ではどうか。日本では中央集権による行政の規制が強く、1学級あたりの生徒数は半ば法律で決まっていると言ってよい。そうすると、都道府県や市町村間で学級人数に差が生じにくい。当然、アメリカのように同じ学校内で学級人数を変えるといった実験を行える雰囲気もない。文科省はもとより都道府県や市町村、それに教育委員会も大胆な実験や試行錯誤には消極的だからである。

こうした事情により、日本では学級人数が学力に与える効果について、信頼できるデータがほとんどないのである。

日本で少人数教育が実行できない理由

それでもなぜ筆者が少人数教育を主張するかというと、日本では塾に通うことで学力が高まっているという研究結果は出ているのだから、学校内でも塾のような教育を施せば、生徒の学力が高くなる可能性があると考えられるからである。

そのためには、先生の数を増やしたり、1学級の生徒の数を減らしたりして、塾のような環境を整えればいい。やや極端な方策を述べれば、塾の教師を学校で雇用して、塾での教育方法を学校で実施すればいいのである。このようなことを簡単に行えないのはわかっているが、少人数教育の一つの実践として有望ではないだろうか。完全な形でなくても、工夫次第でこれに近い方策の導入は可能であろう。

この方法のもう一つのメリットは、学校内で塾に似た教育を全員の生徒が受けることになるので、塾に通える生徒の学力のみが上昇するのではなく、全員の学力が高まることが期待できる点にある。このメリットは大きい。

仮に導入が進んだ場合、塾が立ち行かなくなり失職してしまう人が出るかもしれないが、そうした人は学校で雇用すればよい。ただし、たとえ教え方の上手な塾の先生であっても、教員免許を持っていなければ教師として雇用できないため、特別非常勤講師からスタートするのは致し方ないとしても、できるだけ早急に教員免許を取得できるような支援を考えなければならないだろう。

現今のコロナ危機によって、小・中学校は教室内の生徒数を減少させるため、午前と午後の分散登校という形で授業を行っている。きっかけはともあれ、せっかく少人数教育の実践を始めたのであるから、これを恒久案にすることを考えてもいい。

もっとも日本で少人数教育を実行に移せないのは、現場の問題だけでなく、先に述べたように政府が消極的なことが一番大きい。少人数教育には教師の数を増やしたり、教室や種々の教育施設を増設したりする必要があるので、教育費支出の増加を伴う。日本では教育を担当する文部科学省は少人数教育の実施を好ましいと判断しているが、政府予算の実権を握っている財務省が非常に消極的である。

その背景には、日本が巨額の財政赤字にあるので、教育費を含めた財政支出一般に消極的な財務省の姿がある。財政赤字は深刻なので財務省のスタンスは理解できるが、筆者の主張は財政支出のカットよりも消費税などの増税によって財政収入の増加を図り、教育費などの公共支出を増加させたほうが望ましい、というものである。
すでに述べたように、日本の公教育支出額の対GDP比率は先進諸国の中で最低のグループに属する。ぜひ政治が先頭に立って、公教育支出額の増加に踏み切ってほしいものである。

どういう習い事に人気があるか

塾の話題はこれぐらいにして、話を習い事に移そう。塾通いの他に子どもが学校外ですることには習い事があるが、いったいどういう種類の習い事に人気があるのだろうか。小学生以下の子どもが習っている事柄をランキング化した表4-7を見てみたい。

これによると、水泳（スイミング）がダントツのトップであり、次いで楽器の練習・レッスン（主としてピアノ）、英会話・英語教室と続く。この3種が子どもの習い事のトップスリーとみなしてよい。第4位以下に、習字、サッカー、塾、体操、そろばん、その他のスポーツ（テニスや野球、バスケットボールなど）、ダンス、空手がある。

水泳にこれだけの人気が集まっているのには、いくつかの理由が考えられる。第一に、水泳は学習指導要領における科目ではないが、水泳を必修にしている小・中学校は多いし、不得意であれば体育の成績に響くのでは、と親が恐れている可能性がある。第二に、日本では海水浴が人気なので、その際の水難事故を避けたいという親の思いなどがある。第三に、スイミングスクールは比較的短期の習い事であるし、費用も安いことが多い。

楽器の練習・レッスンは後述するとして、英会話・英語の人気が高いのは理解しやすい。現代では世界において英語が必修語になりつつあるし、小学校でも英語を学ぶ時代だからである。学校外で子どもに英会話・英語を学ばせたいという希望が強いのは自然であろう。そこには、英語を扱う能力が高ければ将来の就職や仕事において有利になる、という予想が働いていることは言うまでもない。

また、学校の英語の授業において、教師の母国語が英語である場合は多くないため、英語を母国語にしている教師が多い学校外の英会話・英語教室で、発音を含めた流暢《りゅうちょう》な英会話力を身につけさせたいという配慮もあると考えられる。

表4–7　小学生の行うスポーツ・芸術活動の人気ランキング

順位	活動	割合（%）
1	スイミング	33.6
2	楽器の練習・レッスン	20.7
3	英会話・英語教室	15.0
4	習字／硬筆	11.6
5	サッカー／フットサル	8.7

出所：ベネッセ教育総合研究所「学校外教育活動に関する調査2017」

芸術、スポーツの習い事

2番目に人気があるのは楽器の練習・レッスンである。特に女の子は圧倒的にピアノを習っているケースが多い。

なぜ女の子がピアノなのか。ピアノで一流の人になってほしいという親もいるかもしれないが、おそらくそれが主な理由ではないだろう。では、なぜ親は女の子に芸術活動をすることを勧めるのか。

第一に、母親の意向が強く働いていると想像できる。母親が子どもに何か情操教育を与えたい、勉強以外の趣味として何か上品で、かつ他の子どもからうらやましがられるようなことをさせてあげたいと考えたとき、ピアノはうってつけの習い事である。自分が子どものときに、ピアノを弾ける友人がいてうらやましく思った、あるいは自分もピアノを習っていたので娘にも同じことをさせたい、そういう母親は多いだろう。

第二は、根強く残る男女の役割分担ともやや関係するのだが、音楽的な才能が将来的に家計の補助になることを期待する人が一定数いるからであろう。

例えば、音楽大学に在籍している学生の男女比を調べると、圧倒的に女性の数が男性よりも多く、4~5倍に達しているのが普通である。音楽大学を卒業してもプロの演奏家になれるのはほんの一部であり、学校でのフルタイムの音楽教師や音楽教室の先生になれるのさえ恵まれたほうで、ほとんどはフルタイムの職業に就けないか、就けたとしても音楽とは無関係の場合が多い。

しかし女性であれば、結婚して専業主婦かパートタイマーになったときに、ピアノなどに長けていれば余った時間を使って他の子どもに教えることで副収入が得られる、というわけである。

第4位以下では、男の子のスポーツに関して、野球よりもサッカーの人気が高いことに注目したい。集客数などから考えても今の大人に人気があるのはプロ野球であり、なぜ子どもに野球よりもサッカーの人気が高くなるのか、その理由を知りたくなる。

理由の一つは、野球やバスケットといったスポーツは、いい選手であるには身体的な能力(身長、体重、脚力など)による部分が大きいが、サッカーではプロを目指さない限りは、それが占める割合が小さいためであろう。それにサッカースクールは少年野球チームより安価ですむことが多いし、用具なども安くてよい。こうした理由もあって、サッカーのほうが野球よりもポピュラーになっていると考えられる。

習い事の効用

野球やサッカーなどのスポーツ、あるいはピアノや絵画などの芸術活動を経験した子どもがその後どうしているか、あるいはそのことをどう思っているかは、次の五つのパターンに大別できる。

第一は、たとえ親の意向に従って習い事を始めたとしても、その活動を気に入り、プロスポーツ選手になったり、音楽大学あるいは美術大学に進学してプロの演奏家、画家などになったりするグループである。数はごく少ないが、彼らは成功者と考えてよい。

第二は、プロになることはないが、学生時代のスポーツ経験を活かして体育教師になるとか、音楽ないし美術の教師になって生活の手段として芸術活動を営むとか、そうした道に進むグループである。第一と第二のグループという区分ができるのは、生まれながらの能力・素質の違いに加え、当然のことながら努力や運も作用している。

第三は、すでに述べたグループで女性に多いのだが、音楽大学などを卒業後、アルバイトとして個人レッスンを行って、所得を稼ぐ手段に用いる人たちである。第一から第三のグループは、習い事がある程度の収入につながった人たちであると言える。

第四に、幼少の頃に経験したスポーツや芸術活動をその後も趣味として続ける人や、ほかのスポーツや芸術を含めて観戦や鑑賞といった形でファンになる人たちが挙げられる。これらは収入には直結しないものの、人生を豊かにすることにつながっている。

第五のグループは、習い事になじめず、結局は途中でやめてしまう人たちである。幼少の頃のこういった活動には悪い思い出しかない、と口にする人に今までどれほど多く出会ってきたことか。子どもの特質なり性格をうまく見抜けず、親の一存だけで子どもに習い事を強制した結果、その悪影響が出た例と解釈できる。

最後の第五のグループ以外は、習い事によって何らかの成果があったと判断してよい。プロのスポーツ選手あるいは芸術家になれれば言うことはないが、そうでなくともその経験を活かして何らかの職業人になって稼げるようになれば御《おん》の字《じ》である。しかし、そこまで到達できる人の数はとても限られており、大半は第四のグループになる人であろう。

もちろん、これとて趣味によって人生が豊かで幸せなものになっているわけで、したがって筆者は、子どもの頃にスポーツや芸術などの習い事をすることに反対はしない。子どもの特性と性格をうまく見抜いて、適性に合致した習い事を楽しく行わせるのであればむしろ勧める気のほうが強い。

ただし、近年は子どもに数多くの習い事をさせる親が多すぎるため、詰め込みすぎて子どもが音を上げてしまわないよう、注意しておく必要はあるだろう。

習い事の格差は是正すべきか

以上を踏まえた上で最大の関心は、習い事には親の経済的負担が伴うのであり、それによって生じる格差をどう考えたらよいかというものである。具体的には図4-4で示したように、親の年収によって子どものスポーツ活動や芸術活動への支出に差が生じていることをどう考えればよいだろうか。

これらの差額を詳しく見ると、スポーツ活動であれば年収400万円未満が月額2200～2400円、400万円～800万円未満が3400～3600円、800万円以上が4800～4900円となっており、高所得者層で低所得者層の2倍の支出がなされていることがわかる。習い事への支出にこれだけの差があれば、その質・量ともにかなりの差が生じていることは確実である。

ただし、習い事は私的な趣味や情操教育に属する事柄なので、すべての国民にある程度平等に与えられるべき性質のものとは異なる。公共部門が補助金を出すようにすべし、とまでは現時点では言えない。したがって、ここで見たように親の経済格差によって質・量に差が出るのはやむをえない。

しかしながら情操教育としての性格を有するスポーツや芸術の習い事が、本人の非認知能力を高めることは大いにありうる。そうすると前章でも述べたように、高い非認知能力が稼得能力の向上につながるため、格差を助長することは十分考えうる。

そうであるとすれば所得格差を小さくすることによって、習い事の格差を小さくするというのは一案かもしれない。だがこの課題は本書の範囲を超えるので、所得格差を是正するための政策に関心のある方は橘木（２０１６ａ）を参照されたい。

第5章 学歴社会の行方を考える

教育の目的とは

教育学、特に教育哲学の専門家でない筆者が教育の目的を議論するのはおこがましいが、経済学から教育を考えると、教育の目的とは子どもあるいは人々が教育を受けることによって働き手としての技能を高め、その技能によって多くの所得を稼ぐようになることにある。

「教育の経済学」という分野がまさにそれを研究しているのだが、教育学の専門家からすると、教育には人間性を高めるとか良識のある市民を育てるとか、経済的なことよりもっと重要な役割がある、との批判がありうるかもしれない。

そうした両極の意見をできるだけ避けてバランスを取りながら、一度筆者なりに教育の目的を整理してみよう。幼児教育についてはすでに第3章で見たので、本章では義務教育である初等教育と、その上にある中等教育、さらには高等教育についても考えてみたい。

まず初等教育である。初等教育とは、市民生活、経済生活を円滑に行うために、読み書き計算をはじめとして最低限の知識を与えるためのものであり、小学校・中学校がこれに当たる。

ここでは市民生活、経済生活を円滑に行うための知識のみならず、自然界、人間社会で起こっている出来事に対する基本的な知識も与えられる。前者は国語、算数（数学）、後者は理科、社会という科目が相当する。社会科には歴史や地理が含まれており、人間生活の発展してきた過程や、現在の日本や世界で人々がどう生きているかを教えることで、自分たちの人生あるいは世界を平和に、かつ豊かにする素地を学ぶ。外国のことを知るためや外国人とも話すことができるように英語も教えられる。

また知識のみならず、他人に迷惑を掛けることのないように、遵法精神を教えることによって、市民として責任ある行動がとれるようにすることも初等教育の役割である。他人を慈しみ、利他的な心を持った人になれるようにするのである。これらは道徳（ときには社会）科目の役割とされる。そして人間生活には食生活、衣生活、住生活が必須なので、これらの基礎も学ぶ。これは技術・家庭科といったものが相当する。

次に中等教育である。高校がこの段階に該当するが、5年制の工業を中心にした高等専門学校も含めて考えてよい。いまの日本では、中学校までの義務教育を終えた同年代の97パーセントを超す人が高校に進学しているので、準義務教育とみなしてよい。まさに初等教育と高等教育の中間段階として高等教育への橋渡し役を担っており、したがって大学での高等教育をスムーズに受けられるようにする目的を有している。

しかし、高校卒業後に大学に進学せずに社会に出て職業生活に入る生徒が高校生のおよそ40数パーセントいることも事実である。そういう人にとっては高等教育への橋渡しというより、社会人として働くための準備段階でもある。

筆者は、日本の中等教育には、このような割合で大学進学生と、それ以外の進路を選ぶ人を抱えていることに起因する種々の課題があると考えている。例えば、一時社会で問題となった「ニート」あるいは「フリーター」は、高校の普通科で学んだ生徒たちが技能の修得なしに社会に出てしまい、うまく働くことができない社会人が多く誕生したことが一因であったと考えられる。中等教育は、もっと技能を蓄積した職業人の養成にも力を注ぐべきなのである。

そして高等教育である。わかりやすいので主として大学(大学院を含む)を念頭におくと、①初等・中等教育で記述した教育の目的を一段とレベルを上げて、高い学識・知識・技能が得られるようにすること。②高い水準の学問を学び、その学問をもっと発展させるのに貢献する学者・研究者の養成を行うこと。③社会には特殊な技能（医療、薬学、法曹、技術、教育、ビジネスなど）を必要とする仕事があるが、こうした仕事に取り組める人を養成すること（学部教育でもそれを行うが、高度な技能の習得のためには職業大学院を考えればわかりやすい）。以上がいまの高等教育に求められていることであろう。

以前は一般論として、高等教育には社会での指導者（エリート）を養成する目的があると思われていたが、大学進学率が50パーセントを超える現代において、大卒生全員が指導者になることはありえない。その役割は徐々に大学院卒に移りつつあると考えてよい。

学歴社会が教育に及ぼした影響

学校が設立される以前は、以上で述べたような目的を達成するため、親や家庭教師が私的に教えるのが通常だった。しかし、学校が設立されて教育が主として学校に任されるようになると、人々がどこの学校で何を学んだかが重要になる。

それを端的に示す言葉が「学歴」である。そして学歴の高い人、すなわち上級学校（例えば短大、大学、大学院という上位の学校）を卒業した人とか、名門校・有名校を卒業した人が、社会で有利な人生を歩むようになった社会が「学歴社会」である。

学歴社会の歴史や諸外国での学歴社会に関しては、例えば橘木（２０１８）を参照されたいが、その象徴としてわが国でもっとわかりやすい例は、明治維新後の日本を近代国家にし、さらに経済を強くするためのエリートを生むために、東京大学が政府によって意図的につくられたことである。

これは医師、技術者、教員、官僚、法曹など、日本の発展に寄与する高度な専門性をもった人材の養成を企図した一大プロジェクトであった。特に東大法学部は官僚登用の機関として機能したが、彼ら高級官僚の出世は速く、局長や次官に上り詰め、退官後は政治家になる道も開かれていた。今日でもこの東大法学部が官僚の世界で幅を利かせているのは、大勢の知るところである。

学歴重視はやがて民間部門にも波及し、企業でも名門校・有名校の卒業者が有利な職業生活を送るようになった。すなわち彼らにのみ、幹部社員になる道が開かれるようになったのである。これらを見ている大勢の日本人が、できれば名門校・有名校に入学したいと思うようになるのは自然の成り行きであっただろう。

そうすると、そうした学校への入学試験が難しくなるのも当然であり、厳しい受験戦争が明治以来今日まで続くようになった。本書においても、前章で塾を中心にした日本の教育の姿を論じたが、これも受験戦争に挑戦するための手段という側面が強かった。

初等・中等教育をめぐる議論

受験戦争は最終学歴を得るためのものなので、当然その過程である初等・中等教育にまで遡及的に強い影響を及ぼした。

その結果、名門大学・有名大学に進学するために高校、中学校、そして果ては小学校においても名門校・有名校を経由することが有利となり、広田（2004、2009）が指摘しているように、現代においてはどの小・中・高校に進学するかが、親子のみならず社会の関心事になった。すなわち学校選択の問題である。

小・中・高校でも教育の質における格差が明確になったことで、事実としてさまざまな教育制度のあり方が議論されるようになった。その例としては、第一に学区制が挙げられる。戦後の日本の学校制度はGHQ（連合国軍総司令部）の勧めにより、児童・生徒は自分の住む地域で一番近い学校に通う、という小学区制が原則であった。公立学校への進学は自分の属する学区内の学校に進学せねばならず、地元のいろいろな家庭の子弟が入学するので、例えば出来のいい子ども（あるいはそうでない子ども）ばかりが集まるとか、お金持ちの子ども（あるいはそうでない子ども）ばかりが集まるとか、そういうことはなく、学校間の格差が小さいという特色があった。

地元の学校に通うのが原則となれば、いろいろな生徒が入学するのは当然となる。広い地域の中で自分の好みの学校に通える制度（大学区制）になれば、自然と学校差が出現して、学力の高い子どもの集まる学校と、そうでない学校という区別が生まれる。

例えば、昔の愛知県では、県内であればどこの高校にでも進学できるのであった。極端な話、一流校から何十流校までという学校差が出現したと言われた。小学区制であれば、自由選択がないので、いろいろな生徒が集まり、そういうことが起きにくいのは確かである。もっともこうした学区制は私立校には適用されなかったので、学区制を嫌う家庭の子弟が私立校に通う自由は残った。またその延長線上に中・高6年の一貫教育を行う私立校が登場し、公立学校の中にもこれに対抗する形で同様の中高一貫校が最近になって目立つようになった。国立大の付属高校もその一つである。

もう一つの初等・中等教育での論点は、これもＧＨＱの勧めで男女共学を原則にするようになったことである。しかし戦前は男女別学が日本の教育界の伝統だったので、戦後になっても私立校を中心に、男女別学の存在自体は容認された。親子ともども男女別学を望む層が結構存在していたことも、その理由であった。現代では、私立の中学、高校において男女別学から共学に移行する学校が増加している。これは少子化によって入学者数の減少に悩む中学校・高校による経営戦略の一つでもある。

教育格差に関しては、今までは一部の男子中・高校が受験に強いという伝統があり、大都会では男子校に人気があり、地方では公立の共学校に人気があった。しかし、ごく一部の女子中・高校も入試に強くなり、男女ともに大都会では別学に人気がある。

なお、筆者は男女別学よりも男女共学のほうが自然と考えるので、将来的には男女別学よりも男女共学の方向に進むのが望ましいと判断している。なぜなら人間社会は男女から成り立っており、小さい頃から一緒の時間を過ごすことで自然な付き合いができるようになるからである。しかし別学を希望する人にも配慮して、全部を共学にせよ、とまでは主張しない。

公立か私立かという選択

学校間格差の話題と関連して、公立校か私立校かの選択に関しても少し述べておこう。日本では生徒・学生数からすると、公立・私立の比率は、小学校では圧倒的に公立が多い。中学校も公立が多いが中・高一貫の私立校の存在も目立つ。高校もまだ公立の比率が高いが、私立の比率も増えてくる。そして大学になると比率が逆転して私立のほうが圧倒的に高くなる。

筆者の意見としては、小学校と中学校に公立の多いのはとても望ましいと考える。その理由としては、まず小・中学校は義務教育なので公的資金の投入によって、すべての生徒に平等な教育を与える制度としてふさわしいことが挙げられる。また公立の小・中学校は小学区制なので、各種各様の生徒が集まる、いわば人間社会の縮図の中で格差社会への対処や異質な人との付き合い方を、幼少の頃から学べるメリットを強調したい。

格差の存在は大人になってからも知り得ることではあるが、鉄は熱いうちに打つほうが効果的だろう。お叱りを受けるかもしれないが、金持ちばかりが集まる私立小学校に通う子どもは、社会はこういう恵まれた人だけで成立している、と思い込むかもしれない。あるいは、周囲が勉強の出来る子どもばかりだと、世の中には勉強の出来ない人や嫌いな人がいないと勘違いするかもしれない。このように偏った社会意識を持って育つことは、本人の将来にとって好ましくない。

一番難しいのは、中学校である。大都会には大学受験に強い中・高一貫の私立（国立を含む）校があり、ここで分化が発生している。だとすれば、公立でも中・高一貫校にすればよい、という発想がありうる。これはすでに一部の都府県で起こっている現象である。公立と私立が同次元で切磋琢磨する方向にあり、いい傾向にあると判断している。しかも、高校無償化が進んでいるので、この傾向は助長されることになるだろう。

高校になると義務教育ではないし、本人の能力や適性を自覚する年代なので、将来を見据えて自分の学びたい学校に進学してよいし、それは公立校でも私立校でもよい。学業中心の学校、運動・芸術中心の学校、職業科目を中心に教える学校など、自分にふさわしい学校を選択することがむしろ望ましい。この点については直前で述べたように高校教育の無償化（公立校のみならず私立校においてもその方向にある）が進んでいるので、親の経済力による制約が小さくなって、選択の幅が広がっていると言える。

大学にも無償化の声はあるが、財政負担が巨額になるので実施は困難であろう。そうすると高校とは異なり、国公立と私立の学費差がかなりあるので、親の経済力が影響を及ぼす可能性は高い。大学によっては自宅からの通学ではなく、遠隔地に行くことになるので、この点についても経済条件の制約という問題がまだ残っている。今後の課題と言える。

職業教育の軽視と普通教育の重視

これらに加えて筆者が大きな問題だと感じているのは、高校教育における職業教育の軽視と普通教育の重視である。例えば一昔前の職業高校には、工業、商業、農業などに強い職業人を輩出する機能があった。商業科、工業科、農業科などの生徒だけで全体の40パーセント前後を占めていたのである。だが、現在ではそれが20パーセントを切り、圧倒的に普通科の生徒が多くなった（ただし、高校の普通科で学んだ人も、かなりの割合で就職する人はいるのである。こういう人は職業科目をほとんど学んでいない）。

これには先に少し述べたことであるが、大学入学試験の科目が、国語、数学、社会、理科、英語という主要5教科に限られていることが大きく響いている。大学進学率が50パーセントを超えている現在、入試に必要な主要5科目だけを教える普通科の定員が多いのは当然かもしれない。ただし、大学進学希望だった普通科の高校生が就職希望に変更するケースが多く、こういう人は職業科目をまったく学ばずに卒業するのである。

大学教育はどうか。実際大学においても、職業に直結するような学問はさほど教えられていない。換言すれば農業を含んだ理工系の比率が低く、文学部、法学部、経済学部、社会学部といった文科系の比率が高いのである。

後者のうち、法学部や経済学部は多少なりとも企業で働く際に有用かもしれないが、実際のところ大学で学んだことを仕事の現場で活かせる程度は法学部、経済学部でも低いと言わざるを得ない。こうした大学教育の見直しとともに、入試においても主要5科目に限るという方針を見直せば、高校にもその影響が波及していくと考えられる。

あるいは高校普通科の生徒であっても、商業や工業、農業などの職業科目をもっと多く学べるようにする方法も考えられるだろう。じつは、10~20年ほど前に若者の「フリーター」や「ニート」が問題になったとき、高校普通科で学んだ卒業生と商業科、工業科、農業科の卒業生を比較したところ、前者のほうが「フリーター」や「ニート」になる割合がかなり高かった（これらについては橘木〔２００４〕参照のこと）。

この事実から得られる教訓は、国語、数学、社会といった普通科で学ぶ科目は就職においてそれほど役立たず、職業科で学ぶ技能は就職に直結する可能性が高いということである。すでに述べたように普通科の生徒の中にも高校卒業後に就職する生徒はいるので、在学中に職業科目をもっと学べる科目編成にするのが合理的ではないだろうか。

女子の教育について

ここまで幼児教育から初等教育、そして中等・高等教育までを論じてきたが、男女の区別には大きな関心を寄せなかった。やや誇張して言えば、それらは男子生徒を念頭に置いたものだったと言ってよい。しかし、いまや女性の社会進出には目覚ましいものがあり、一昔前であれば男性が中心であった高等教育は、いまでは18歳人口に関する短大・大学への進学率は女子と男子がほぼ拮抗する時代になっている。ただし4年制大学進学率はまだ男子が少し高い。

さらに人口減少が今後も続くと予想される日本において、好むと好まざるとにかかわらず、今以上の女性の社会進出が求められることは確実である。実際、女性全般の労働参加率はここ20〜30年にわたって増加傾向にある。その背景にあるのが、働き手として有能な女性の増加であり、女性の経済自立心の高まりもこれに貢献している。

とはいえ、筆者が危《き》惧《ぐ》する点が一つある。それは大学への進学時に、いまだに文学部、芸術学部、家政学部といった、職業選択に直結しない学問を選ぶ女子学生が多いことである。女子学生が自然科学や社会科学を学ぶ比率はここ10年程度の間で高まっており、筆者はその傾向を好ましいと判断しているが、まだ不十分である。これをさらに推し進めるには、幼児教育のところから変えていかなければならない。

そのためにはどのようなことが必要であろうか。第一に、自分で働いて所得を稼ぐという活動に男女差はあまりない、ということを知ってもらうための教育である。すでに述べたように日本は伝統的に「良妻賢母論」の強い国であり、それも結構な考え方ではあるが、男女である前に一人の人間として働くことの尊さを、幼少期からもっと教えることが重要ではないだろうか。そうすれば高校進学、あるいは大学進学後に何を専攻せねばならないかを自らの意思で決めるのに役に立つため、自ずと現状とは変わってくるはずである。

このようなことを主張すると、保守的な価値観の人からは猛反撃を受けそうであるが、それに対して最近の筆者は次のような反論を提示している。

それは日本の離婚件数が増加した結果、離婚した女性（特に母子家庭）が非常に苦しい経済生活を強いられており、第1章で述べたように、それが子どもの貧困に直結していることをどう考えるのか、というものである。教育と技能を蓄えておけば、いざ母子家庭になったときに自立した経済生活を送るのに役立つことは十分考えられる。離婚については橘木・迫田（2020）に詳しいので参照されたい。

もっともこのように主張した筆者にも、一つの苦しい胸の内がある。それは、歴史学や文学、あるいは音楽や美術といった自分の好きな学問を専攻した人は、幸福感が強いと想像できるからである。例えば自然科学を好きでもないのに、仕事を得るために半強制的に学ぶのは苦しいことである。

ともあれ女子に対しては、幼児の頃、あるいは小学校、中学校の頃から良き職業人になるには、どういう心構えでいるのが望ましいかを家庭、学校において教える姿勢を、周囲の人間には少しでもいいから持ってほしいということになろうか。

学歴社会はなくなるか

最後に一つ重要なことを述べておきたい。筆者は日本の教育をゆがめている根源的な要因は、日本がこのような学歴社会の中にいることだと考えている。

高い学歴を得るために生徒、親、教師、社会が必死になって、塾などに頼るという異常な状況になっている日本で、学歴社会の程度を弱めることができれば、教育は正常な姿に戻ると予想できる。

世界には日本以上に学歴社会の国がいくつかある。代表的にはフランス、韓国、中国である（フランスに関しては橘木〔2015〕で詳しく説明）。日本はこうした国々と比較すれば、度合いは弱いものの学歴社会はいまだ根強い。しかし将来的にその程度は弱くなっていくだろうし、その質にも変化がみられる。

今後の日本の学歴社会はどのようになっていくだろうか。おそらく一番に学歴社会の程度が弱まるのはビジネスの世界である。

20〜30年ほど前であれば、企業、特に上場企業の取締役、社長になる人の大半は大卒であったし、中でも目立ったのは名門大学卒であった。よく知られているのは、東大、京大、一橋大、慶應大の出身者が多い、というようなことである。

それが最近のビジネスの世界では大卒以外の人、あるいは大卒であっても名門大学以外の人が経営者になるのが目立つようになってきた。それは一重に、企業間の競争、そして従業員間の競争が激しくなり、名門大学卒というだけで人事上の優遇ができなくなったからである。いわゆる能力・実績主義に基づいた人事でないと、資本主義における厳しい競争の中で生きていけない時代がすでに到来している。

ただし、新卒生の採用においてはまだ学校名がかなり重要である。なぜなら彼らは企業で働いたことがないので、ビジネス上でどれだけの成果が出せるのかを、何度かの面接だけで見抜くことは不可能だからである。そうすると入社試験を受けるまでの経歴や人柄に判断を頼るしかなく、経歴の象徴として学歴が大きなウェイトを占めるようになるのは自然である。

名門大学卒であれば学力はある程度見込めるだろうし、厳しい入学試験に合格するために勉強という「努力」をした人であろうことも想定できる。この「努力をした」という業績がじつはきわめて重要である。過去に努力をしたのであれば、入社後においても努力して働くと予想できるため、それが将来において良い仕事をするかもしれないという期待につながるからである。

ところが問題は、一口に努力といっても、勉強のそれと、ビジネスのそれとでは、本質的にまったく異なるということである。受験の秀才がビジネスでいい実績を出せる保証はどこにもない。したがって現実のビジネスの世界において名門大学卒で成功しない人が出てくること、その逆に非名門大学卒で成功する人が出てくることに、まったく不思議はないのである。

官僚の世界では、民間のビジネス界ほど競争が厳しくないので、まだ学歴主義が幅を利かせている。しかも採用試験として学力試験を課しているし、それによっていくつかの区分(昔であれば上級職、中級職、初級職というように)を採用しているので、名門大卒、特に東大卒がいまだ昇進の筆頭にいるのは事実である。

しかし官僚の世界もすでに東大卒だけがトップになれる時代ではなくなってきており、非東大卒が局長級に昇進する例もかなりある。ここでも学歴主義はやや弱まっていると言えるだろう。

学歴社会をめぐる新しい動き

このように、学歴に関しては新しい動きがいくつかある。これまでは名門高校→名門大学→一流企業が学歴社会の成功者の王道であったが、大企業でも倒産する時代になったことで一流企業に就職することだけがすべてではなくなってきた。

中央官庁においても東大法学部の絶対有利が多少崩れ始めており、東大法学部出の彼らも他の職業を目指す動きを見せるようになった。かつては弁護士になるなどして法曹の世界に入るのも学歴社会の王道であった。しかし法科大学院の設置は失敗に終わり、資格を取れれば安泰という時代ではなくなった。

こうした時代の変化を具体的に示しているのが、医学部進学希望者の増加である。医師の免許を持っていると食いはぐれがない。医師の所得の高さはみんなが知っているし、困っている人を助ける仕事ということで尊敬も得られる。そうしたわけで医学部入試が格別に困難になっているのが最近の大学入試事情であり、医学界が学歴社会の新たな象徴となっているのである。大学入試に格別に強い兵庫県の灘高校で、卒業生２００名程度のうち半数弱が医学部を志望する異常な世界になっていることからも、それがうかがえる。

あるいは、たとえ大企業であってもサラリーマン重役の収入よりも、自分で事業を興して成功する人のほうが稼ぎが大きいという現実も、広く知られるようになった。ソフトバンクの孫正義、ユニクロの柳井正、ゾゾの前澤友作、楽天の三木谷浩史など、起業家で成功した人の高所得ぶりは有名である。ＡＩの時代に入ったことがこの傾向を助長しており、成功するには技術に優れている必要があるため、一部の有能な人はそちらを最初から目指すようになったのである。

こうして見てみると、すでに日本は以前ほど学歴社会ではなくなっていると言ってよいし、この傾向は今後も続くように思われる。しかし、そうした傾向があるからといって教育格差をそのままにしていい、という話にはならない。むしろ筆者が教育の機会平等が重要であると考える理由を、中澤（２０１８）に依拠し、そして筆者の意見も加えていくつか挙げてみる。
第一は、教育は全ての人に平等に与えられるべきという原則である。なぜならある程度の知識は、その人が市民生活を送る上で必要だからである。この原則は自由と平等を志向する国においてはとりわけ重要であり、人種、階級、性別、親の所得などと無関係に、本人の望む教育は与えられなければならないことを指す。

その原則に忠実にあるため、先進国はすべての国で義務教育（日本では9年）を認めており、全国民の税負担によってそれを実行している。問題はそれ以上の教育を望む人への政策である。そういう高い教育を受ける人は、多分所得も高くなるであろうから、教育費の負担を全部、あるいは一部を自分でせよ、という論理も成立しうる。

そのため高校、特に大学では授業料が課せられている。しかし、絶対に社会に必要な職業（例えば医者）に就く人には大学に行ってもらわねばならず、国によっては大学の授業料も無料としている国がある。日本では公立、私立の差は大きいが、医者になる人にも授業料を課している。日本は大学進学率が50％を超えているので、全員を無料とはできない。しかし、国民の合意があれば不可能ではない。

そして最も避けなければならないことは、貧乏な家の子弟が大学に進学できないことの発生である。だが、日本ではこれが現実に起こっており、それでもよいという風潮さえある。

第二は、社会的効率性と称されるものである。先に述べた自由と平等の原則とはやや異なるのだが、教育を受けた者は高い生産性を獲得するし、所得も高くなるので、社会経済の活性化に寄与する。そうすると有能な人にもっと教育を、という発想が生まれても不思議はないし、それがうまく進めば社会と経済の発展にも役立つ。これが公費による高等教育費支出を増加せよ、という主張の根拠の一つとなっている。

ただし、教育の効果のみならず、さまざまな制度的な要因が重なって、一部の人が非常に高い所得・資産を獲得するのが資本主義社会の宿命である。こうした人々から高い税金を徴収して、平等分布に近づけるのがいいのか、それともそういう人の能力と貢献は大切なので、そこまでする必要はないと考えるべきなのか、ここには意見の対立がある。

民主主義の社会では国民の意見によってそれが決められる。北欧諸国の人々は前者を好み、アメリカ人は後者を好んでいる。日本人は、すでに述べたように、教育の不平等も致し方ないと思いつつあることも含めて、アメリカ人の発想に近いと判断できる。

第三は、社会移動が硬直化・固定化するのを防ぐ手段としての役割である。子どもの教育達成がうまくいけば、親子間の職業が連鎖的に継承される現象（例えば農家の子どもは農家に、医者の子どもは医者にといったこと）を排除する要因の一つになりうる。つまり教育次第で子どもは親の職業とは異なる職業を選択できる、というわけである。

以上のことを踏まえて考えると、良識ある市民を世の中に送り出すためにも、また社会と経済の発展のためにも、教育は重要であり、それは個人においても職業の選択の自由をもたらしうる、ということである。

そのためには、やはり社会の側が、教育が全ての人に平等に与えられるべきという原則に基づいて、希望する人が自由に教育を受けられるような制度づくりと政策を講ずる必要がある。

それでも、生まれながらの能力差や、親の所得をはじめ経済的な差がある程度存在してしまうのは致し方ない。だが本書で見てきたように、それらは環境と政策によって改善できる可能性があるのである。

主要参考文献

・Akabayashi, H. and R. Tanaka(2013) "Long-Term Effects of Preschooling on Educational Attainments", *GRIPS Discussion Paper*, no12-21

・Gottfredson, L. S. (2000) "Intelligence" In E. F. Borgatta and R. J. V. Montgomery (Eds.), *Encyclopedia of sociology*, Vol. 2 (2nd ed.), pp.1359-1386

・Heckman, J. J. and A. B. Krueger (2004) *Inequality in America: What Role for Human Capital Policies?*, The MIT Press

・Turkheimer, E. (2000) "Three Laws of Behavior Genetics and What They Mean", *Current Directions in Psychological Science*, vol.9, pp.160-164

・Yamaguchi, S. Y. Asai and R. Kambayashi (2018) "How does early childcare enrollment affect children, parents, and their interactions?", *Labour Economics*, vol.55, pp.56-71

・安藤寿康（２０１１）『遺伝マインド――遺伝子が織り成す行動と文化』有斐閣

・内田伸子・齋藤有・菱山侑子（２０１２）「しつけスタイルは学力基盤力の形成に影響するか」、内田伸子・浜野隆編『世界の子育て格差――子どもの貧困は超えられるか』金子書房、第10章、pp.141-154

・内田伸子（２０１２）「日本の子育ての格差」、内田伸子・浜野隆編『世界の子育て格差――子どもの

貧困は超えられるか』金子書房、第1章、pp.1-18
・内田伸子（２０１４）『子育てに「もう遅い」はありません』冨山房インターナショナル
・内田伸子（２０１５）「子どもの創造的想像力を育む親の役割――大切にしよう家庭での子育て」、牧野カツコ編『子どもの育ちと保育』金子書房、第4章、pp.73-100
・大岡頼光（２０１４）『教育を家族だけに任せない――大学進学保障を保育の無償化から』勁草書房
・太田あや（２００９）『ネコの目で見守る子育て――学力・体力テスト日本一！　福井県の教育のヒミツ』小学館
・大槻奈巳（２０１０）「子どもへの期待と子育ての悩み」、牧野カツコ・渡辺秀樹・舩橋惠子・中野洋恵編著『国際比較にみる世界の家族と子育て』ミネルヴァ書房、第4章、pp.89-120
・柏木惠子・若松素子（１９９４）「『親となる』ことによる人格発達」『発達心理学研究』第5巻、pp.72-83
・柏木惠子（２０１３）『おとなが育つ条件――発達心理学から考える』岩波新書
・柏木惠子（２０１５）「子どもが育つ条件」、牧野カツコ編『子どもの育ちと保育――環境・発達、かかわりを考える』金子書房、第3章、pp.49-70
・片岡栄美（２００１）「教育達成過程における家族の教育戦略――文化資本効果と学校外教育投資効果のジェンダー差を中心に」『教育学研究』第68巻、pp.259-273
・片瀬一男（２００４）「文化資本と教育アスピレーション――読書文化資本・芸術文化資本の相続と獲得」『人間情報学研究』no.9、pp.15-29

・金子真理子（２００４）「学力の規定要因――家庭背景と個人の努力は、どう影響するか」、苅谷剛彦・志水宏吉編『学力の社会学――調査が示す学力の変化と学習の課題』岩波書店、pp.153-172
・苅谷剛彦・志水宏吉・清水睦美・諸田裕子（２００２）『調査報告「学力低下」の実態』岩波ブックレット、no.578
・経済協力開発機構（ＯＥＣＤ）（２０１５）『ＯＥＣＤ幸福度白書2――より良い暮らし指標：生活向上と社会進歩の国際比較』西村美由起訳、明石書店
・澤口俊之（１９９９）『幼児教育と脳』文春新書
・志水宏吉・前馬優策編著（２０１４）『福井県の学力・体力がトップクラスの秘密』中公新書ラクレ
・造事務所（２０１７）『都道府県格差』橘木俊詔監修、日経プレミアシリーズ
・橘木俊詔・浦川邦夫（２０１２）『日本の地域間格差――東京一極集中型から八ヶ岳方式へ』日本評論社
・橘木俊詔・八木匡（２００９）『教育と格差――なぜ人はブランド校を目指すのか』日本評論社
・橘木俊詔・松浦司（２００９）『学歴格差の経済学』勁草書房
・橘木俊詔（２００４）『脱フリーター社会』東洋経済新報社
・橘木俊詔・迫田さやか（２０１３）『夫婦格差社会』中公新書
・橘木俊詔・迫田さやか（２０２０）『離婚の経済学――愛と別れの論理』講談社現代新書
・橘木俊詔（２０１０）『日本の教育格差』岩波新書

・橘木俊詔（2015）『フランス産エリートはなぜ凄いのか』中公新書ラクレ
・橘木俊詔（2016a）『21世紀日本の格差』岩波書店
・橘木俊詔（2016b）『新しい幸福論』岩波新書
・橘木俊詔（2017a）『子ども格差の経済学』東洋経済新報社
・橘木俊詔（2017b）『遺伝か、能力か、環境か、努力か、運なのか――人生は何で決まるのか』平凡社新書
・橘木俊詔（2018）『学歴入門』河出文庫
・橘木俊詔（2020）『中年格差』青土社
・戸田淳仁・鶴光太郎・久米功一（2014）「幼少期の家庭環境、非認知能力が学歴、雇用形態、賃金に与える影響」RIETIディスカッション・ペーパー：14-J-019
・中澤渉（2018）『日本の公教育――学力・コスト・民主主義』中公新書
・広田照幸（2004）『教育』岩波書店
・広田照幸（2009）『教育学』岩波書店
・牧野カツコ（2010）「子育ての父母分担は世界いろいろ」、牧野カツコ・渡辺秀樹・舩橋惠子・中野洋恵編著『国際比較にみる世界の家族と子育て』ミネルヴァ書房、第2章、pp. 28-42
・牧野カツコ編（2015）『子どもの育ちと保育――環境・発達・かかわりを考える』金子書房
・松田茂樹（2013）『少子化論――なぜまだ結婚、出産しやすい国にならないのか』勁草書房

・アリエス、フィリップ（１９８０）『〈子供〉の誕生――アンシァン・レジーム期の子供と家族生活』杉山光信・杉山恵美子訳、みすず書房
・ジェンセン、A．R．（１９７８）『IQの遺伝と教育』岩井勇児訳、黎明書房
・ドーキンス、リチャード（２００６）『利己的な遺伝子』増補新装版、日高敏隆・岸由二・羽田節子・垂水雄二訳、紀伊國屋書店
・ニスベット、R．E．（２０１０）『頭のでき――決めるのは遺伝か、環境か』水谷淳訳、ダイヤモンド社
・ピアソン、H．（２０１７）『ライフ・プロジェクト――７万人の一生からわかったこと』大田直子訳、みすず書房
・ブルデュー、P．&パスロン、J．C．（１９９１）『再生産――教育・社会・文化』宮島喬訳、藤原書店
・ヘックマン、ジェームス・J（２０１５）『幼児教育の経済学』古草秀子訳、東洋経済新報社
・リドレー、マット（２００４）『やわらかな遺伝子』中村桂子・斉藤隆央訳、紀伊國屋書店

編集協力　金子亜衣
図版作成　手塚貴子
ＤＴＰ　佐藤裕久

橘木俊詔 たちばなき・としあき

1943年生まれ。
ジョンズ・ホプキンス大学大学院博士課程修了(Ph.D.)。
京都大学教授、同志社大学特別客員教授などを経て、
現在は京都女子大学客員教授、京都大学名誉教授。
専攻は労働経済学、公共経済学。
日本の格差社会の実態を経済学の立場から分析し、
多くの著作を発表している。
主著として『格差社会』『「幸せ」の経済学』
『家計の経済学』(いずれも岩波書店)、
『プロ野球の経済学』(東洋経済新報社)、
『日本の経済学史』(法律文化社)ほか。

NHK出版新書 631

教育格差の経済学
何が子どもの将来を決めるのか

2020年8月10日　第1刷発行

著者 橘木俊詔
発行者 森永公紀
発行所 NHK出版
〒150-8081 東京都渋谷区宇田川町41-1
電話 (0570) 009-321(問い合わせ) (0570) 000-321(注文)
https://www.nhk-book.co.jp (ホームページ)
振替 00110-1-49701

ブックデザイン albireo
印刷 壮光舎印刷・近代美術
製本 二葉製本

Printed in Japan ISBN978-4-14-088631-1 C0233

ＮＨＫ出版新書好評既刊

移動革命
ＭａａＳ、ＣＡＳＥはいかに巨大市場を生み出すか
三菱総合研究所［編著］
ＥＶ・自動運転・配車アプリ・シェアリング……。「移動」をめぐっていま起こりつつある、１００年に１度のパラダイムシフトの実相を解き明かす。
616

ミッシングワーカーの衝撃
働くことを諦めた１００万人の中高年
ＮＨＫスペシャル取材班
労働市場の「落とし穴」に陥るリスクは、誰にでもある！ 働き盛りの40代・50代に何が起きているか？ 話題沸騰のＮＨＫスペシャル、待望の書籍化！
617

欧州分裂クライシス
ポピュリズム革命はどこへ向かうか
熊谷 徹
ＥＵから離脱する英国、右傾化に抗うドイツ。「格差拡大」「アイデンティティの喪失」という二つの不安軸から欧州情勢の今を読み解く。
618

日本美術の底力
「縄文×弥生」で解き明かす
山下裕二
過剰で派手な「縄文」と簡潔で優雅な「弥生」の2軸で、日本美術を軽やかに一気読み！ 傑作61点をオールカラーで掲載した、著者初の新書！
619

マルクス・ガブリエル 欲望の時代を哲学するII
自由と闘争のパラドックスを越えて
丸山俊一＋ＮＨＫ「欲望の時代の哲学」制作班
ＮＨＫ番組で大反響のマルクス・ガブリエルが帰ってきた！ 舞台はニューヨーク。資本主義と民主主義の中心地で、哲学のホープは何を語るのか!?
620

英文法をこわす
感覚による再構築
大西泰斗
英文法の文型、規則・用法を丸暗記するのではなく、ネイティブの語感をじかに捉えるには？「ＮＨＫラジオ英会話」人気講師が明快かつ情熱的に説く！
621